Februar 2013: Alban Orsini, Anfang dreißig, schenkt seiner Mutter ein Smartphone und veröffentlicht die ersten SMS, die er von ihr bekommt, auf seinem Blog. Eltern und ihre groß gewordenen Kinder reagieren darauf gleichermaßen begeistert, denn viele erkennen sich in den Textnachrichten wieder – als Absender und Empfänger.
Der SMS-Wechsel zwischen Mutter und Sohn ist der Ausgangspunkt dieses Romans 2.0: Was passiert, wenn Eltern plötzlich die digitale Welt für sich entdecken? Die Textnachrichten, die der Protagonist Norman von seiner Mutter bekommt, sind zwar kurz, treffen aber öfter ein, als ihm lieb ist. Sie zeigen den elterlichen Wunsch, dem Kind nahe zu sein, und Norman reagiert – mal lustig, mal boshaft – mit Abgrenzungsmanövern. Nur durch die SMS, die sich beide hin- und herschicken, entsteht so eine rührende, überraschende und humorvolle Mutter-Sohn-Geschichte des 21. Jahrhunderts.

Alban Orsini, geboren 1980, ist Doktor der Chemie, Wissenschaftsberater, Literatur- und Theaterkritiker, Autor und Comedian. «Meine Mutter, ihr Handy und ich» ist sein Debüt.

ALBAN ORSINI

Meine Mutter, ihr Handy und ich

EINE SMS-GESCHICHTE

Aus dem Französischen
von Anja Malich

Rowohlt Taschenbuch Verlag

Deutsche Erstausgabe
Veröffentlicht im Rowohlt Taschenbuch Verlag,
Reinbek bei Hamburg, Mai 2015

Die französische Originalausgabe erschien 2014
bei Hugo & Cie Editions, Paris, unter dem Titel
«Avec maman»,
Fotos Timharman – iStock, Gouraud Studio – Fotolia,
Gabriele Rohde – Fotolia, Rock and Wasp – Fotolia,
Dudarev Mikhail – Fotolia, Macgyverhh – Fotolia, DR
Umschlaggestaltung ZERO Werbeagentur, München
Umschlagabbildung FinePic, München
Satz Info PostScript, InDesign,
bei Pinkuin Satz und Datentechnik, Berlin
Druck und Bindung CPI books GmbH, Leck, Germany
ISBN 978 3 499 62929 7

Dieses Buch ist meiner
Mutter gewidmet.

«Mütter, die einem gewogen sind,
sollte man zu nutzen wissen.»
ROLAND TOPOR

< Nachrichten
Mama
Details
CijkiopplypM» ’po
Oh … da gibt’s noch einiges zu tun …
Aber super, deine erste SMS. Lass dich nicht entmutigen.
Senden

< Nachrichten
Mama
Details
Wofür ist diese Taste da?
Welche Taste?
Schon gut.
?
Senden

●●●○○
< Nachrichten
Mama
Details
Wie macht man Akzente?
Du legst den Finger etwas länger auf den Buchstaben, auf den du den Akzent setzen willst, wählst den passenden aus und lässt dann wieder los.
Caféééééééééééééééééééééééé
éééééééééééééééééééééééééé
éééééééééééééééééééééééééé
Und lässt wieder los.
éééééééééééééééééééééééééé
éééééééééééééééééééééééééé
éééééééééééééééééééééééééé
Senden

< Nachrichten
Mama
Details
Hast du das Foto bekommen, das ich dir gerade geschickt habe?
Nein.
Und jetzt?
Nein.
Und jetzt?
Immer noch nicht ...
Und jetzt?
Mama!!!
Senden

< Nachrichten
Mama
Details
Und wie ist das Wetter bei dir?
Dafür hast du eine Wetter-App auf deinem Handy. Du musst mir deswegen keine SMS schreiben.
Was ist eine App?
Egal.
Es ist schön, leicht bewölkt, wirklich nur ganz leicht …
Senden

< Nachrichten
Mama
Details
Da ist es. Jetzt weiß ich, wie man ein Foto per SMS schickt!
Dann versuch doch jetzt noch mal, ein Foto ohne deine dicken Finger auf dem Objektiv zu machen!
Weißt du, was meine dicken Finger dazu sagen?
Senden

●●●○○
< Nachrichten
Mama
Details
Ich wünsche dir ein schönes Wochenende, mein Schatz!
Ja, ich dir auch.
Ich wünsche dir ein schönes Wochenende, mein Schatz!
Ähm ... Ja, ich dir auch.
Ich wünsche dir ein schönes Wochenende, mein Schatz!
Ich hab's verstanden, Mama ...
Ich wünsche dir ein schönes Wochenende, mein Schatz!
MAMA!!!
Senden

< Nachrichten
Mama
Details
Hallihallo!
Mama, ich bin bei der Arbeit!
Ich kann da keinen Zusammenhang erkennen ...
?
Senden

< Nachrichten
Mama
Details
Hkvjlgjmgjljv
Hast du wieder Probleme mit dem Touchscreen, oder erleidest du gerade einen Schlaganfall?
Das war ein Test.
Und dein Humor gefällt mir überhaupt nicht.
Senden

< Nachrichten

Mama

Details

Findest du mich zu alt für ein Smartphone?

Ach, weißt du, du bist inzwischen für viele Dinge zu alt …

Seltsam ist nur, dass ich nicht zu alt bin, um dir auszuhelfen, wenn du mal wieder knapp bei Kasse bist!

Das hat gar nichts damit zu tun …

Senden

< Nachrichten
Mama
Details
&@»
Was ist das?
Ein Smiley!!!
Nein, das ist ein Smiley:
Haha!
Eins ist sicher: Den Humor hast du eindeutig von deinem Vater geerbt. Von mir jedenfalls nicht.
Senden

< Nachrichten
Mama
Details
Ich bekomm den Stecker des Aufladekabels nicht mehr ins Telefon.
Hast du mal versucht, es umzudrehen?
Hat sich erledigt.
Du hattest recht. Man musste den Stecker nur umdrehen. Wie blöd von mir!
LOL
Lass Oma leiden?
Nein, laughing out loud!
Senden

●●●○○
< Nachrichten
Mama
Details
Ich soll dich von deiner Großmutter grüßen. Sie sitzt gerade neben mir.
Grüß sie zurück.
Khigxsdgii hickory.
Hi, Oma!
]cjidsse!
Senden

< Nachrichten **Mama** Details

Ich wünsche dir ein schönes Wochenende, mein Schatz!

Das wirst du doch jetzt nicht jede Woche machen, oder?

Doch, natürlich. So macht man das in normalen Familien. Man wünscht sich ein schönes Wochenende.

Nein, in normalen Familien brüllt man sich an und redet dann mindestens 10 Jahre nicht mehr miteinander.

Senden

< Nachrichten **Mama** Details

Kikoo!

Was?

Eine Freundin hat mir gesagt, dass sich junge Leute beim Smsen so begrüßen.

Du bist aber schon seit 1985 nicht mehr jung, Mama.

Und: Such dir lieber andere Freundinnen.

Könntest du mich daran erinnern, wer sich um deine Katze kümmert, seit du weg bist?

Senden

●●●●○
< Nachrichten
Mama
Details
Hi, Mama!
Könntest du mir dein Rezept für das superleckere Mousse au Chocolat geben? Lieben Dank.
Ja, und jetzt hast du deine Mutter plötzlich lieb, was?
Senden

< Nachrichten
Mama
Details
Warum lässt sich eine Nachricht nicht in dem Ordner ablegen, in dem ich sie haben will, sondern erscheint ganz woanders?
Keine Ahnung. Versuch’s mal manuell.
Hab ich doch. Ich habe das Gefühl, du hast gar nicht verstanden, worum es geht.
Du hast dich auch wirklich total klar ausgedrückt!
Senden
23

< Nachrichten **Mama** Details

Aha, jetzt habe ich die Wetter-App gefunden, die du neulich erwähnt hast. Das ist die, wo «Wetter» druntersteht, oder?

Und wie mache ich das jetzt? Einfach draufdrücken?

Ja?

Was soll ich machen?

Gut, ich drück einfach drauf.

Senden

●●●○○

< Nachrichten **Mama** Details

Meinst du, dass ich mir ein E-Mail-Postfach zulegen sollte?

Wozu?

Dann könnte man sich ausführlicher schreiben als per SMS …

Ach, weißt du, das mit den E-Mails ist ziemlich kompliziert, und dann die Viren und so, das ist sehr risikoreich …

Senden

< Nachrichten
Mama
Details
:–)
Übst du immer noch Smileys zu machen? ☺☺☺
Warum sind deine Smileys besser als meine?
Anscheinend habe ich von Papa nicht nur den Humor, sondern auch die Intelligenz geerbt! ☺☺☺
Sehr witzig!
:–(
Senden

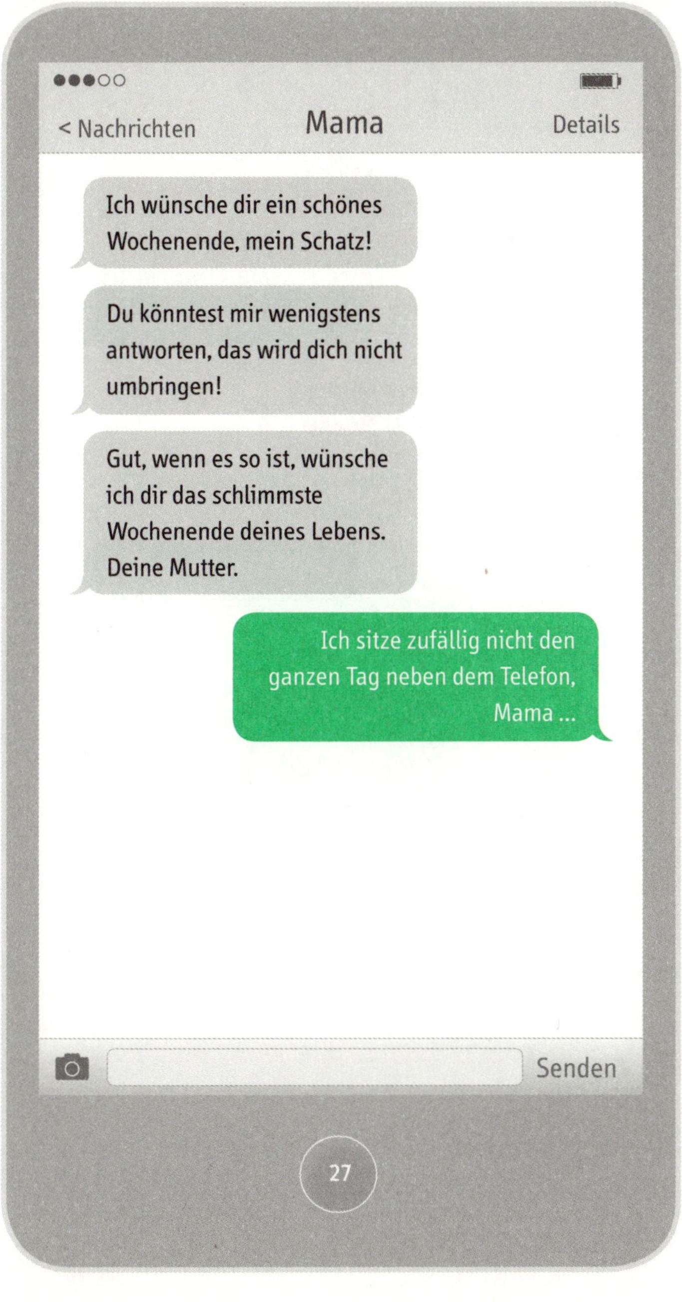
●●●○○
< Nachrichten
Mama
Details
Ich wünsche dir ein schönes Wochenende, mein Schatz!
Du könntest mir wenigstens antworten, das wird dich nicht umbringen!
Gut, wenn es so ist, wünsche ich dir das schlimmste Wochenende deines Lebens. Deine Mutter.
Ich sitze zufällig nicht den ganzen Tag neben dem Telefon, Mama ...
Senden

< Nachrichten
Mama
Details
Kann man den weißen Hintergrund eigentlich ändern?
Nein, kann man nicht.
Mit diesem Handy kann man beinahe Kaffee kochen, aber den blauen Hintergrund kann man nicht ändern?
Nein, kann man nicht.
Bist du dir sicher?
Mama, ich freue mich sehr, dass du eine neue Beschäftigung gefunden hast, aber ich bin gerade bei der Arbeit.
Senden

●●●○○

< Nachrichten **Mama** Details

Du könntest mir mal ein Foto von meiner Katze schicken, damit ich sehe, wie es ihr geht.

Mama, das ist nie im Leben Grisouille!!!

Ach du meine Güte, aber wem gehört diese Katze dann?

VERDAMMT, WO IST GRISOUILLE?

Senden

< Nachrichten
Mama
Details
Du kannst wirklich fies sein!
?
Senden

●●●○○
< Nachrichten
Mama
Details
Liebe Grütze, mein Schatz.
Grütze.
Warum schreibt das Ding immer Grütze, wenn ich Grütze schreiben will?
Grütze.
Grütze.
Ich glaube, mein Handy ist kaputt!
Grütze.
Grütze.
Senden

●●●●○
< Nachrichten
Mama
Details
Heute ist Weltfrauentag.
Und?
Du könntest mir wenigstens einen schönen Tag wünschen.
Es gibt doch schon Muttertag, ich finde, das reicht.
Dein Hang dazu, immer mehr zu wollen, ist echt unglaublich.
Senden

●●●○○
< Nachrichten
Mama
Details
Alles gut. Ich habe Grisouille wiedergefunden.
Wo war sie denn?
Das willst du lieber nicht wissen.
Mama?
MAMA!!!!
Senden

< Nachrichten
Mama
Details
Ich wünsche dir ein schönes Wochenende, mein Schatz!
Wenn du das noch einmal ...
Ach, guten Tag, Herr Griesgram!!!
Senden

●●●○○
< Nachrichten
Mama
Details
Ich wollte nur kurz Bescheid sagen, dass du dir keine Sorgen machen musst, bei mir ist alles in Ordnung.
Warum? Was ist denn los?
Guckst du keine Nachrichten?
Äh, nee, warum?
Nicht schlimm.
?
Senden

< Nachrichten
Mama
Details
Mein Handy geht nicht mehr an! Was muss ich jetzt machen?
Und wie hast du dann diese Nachricht geschrieben, wenn es nicht mehr angeht?
Das ist nicht dasselbe.
Ich versteh nur Bahnhof.
Hach, jetzt geht es wieder. Siehst du, ich erzähl keinen Quatsch!
?
Senden

< Nachrichten
Mama
Details
Weißt du, ob du Ostern kommst?
Und wenn ja, wie lange du bleibst?
Soll ich dein Zimmer herrichten? Sag mir so bald wie möglich Bescheid, okay? Dickes Küsschen.
Ich weiß es noch nicht, aber ich melde mich.
Ich weiß ja nicht, was du glaubst, aber das hier ist kein Hotel!
?
Senden

< Nachrichten **Mama** Details

Wo hast du dieses Teil für den Fernseher hingelegt, als du das letzte Mal hier warst?

Du meinst die Fernbedienung?

Wenn ich die Fernbedienung gemeint hätte, würde ich «Fernbedienung» schreiben, glaubst du nicht?

Manchmal habe ich wirklich den Eindruck, du hältst mich für nicht mehr ganz zurechnungsfähig ...

Senden

●●●○○
< Nachrichten
Mama
Details
Ich wünsche dir ein schönes Wochenende, mein Schatz!
Heute ist erst Donnerstag, Mama!
Diese Woche vergeht irgendwie langsam ...
Liebe Grütze.
Senden

< Nachrichten
Mama
Details
Ihjjdygihjjj
Bist du es, Oma? Spielst du wieder mit Mamas Telefon?
Jacht;;(;gfuccfd
Sie wird nicht gerade begeistert sein, wenn sie es mitkriegt!
Koubil gri puppue
Haha! Hör auf!
Duyt duyt Ð&b
Von mir erfährt sie nichts. Liebe Grüße
Patekxe.
Versprochen.
Senden

●●●○○
< Nachrichten
Mama
Details
Ich wünsche dir ein schönes Wochenende, meine Schatz!
Ich dir auch, Mama!
Ist alles in Ordnung?
Ja, warum?
Ich weiß nicht, du bist so gut gelaunt. Du musst zugeben, das ist verdächtig …
Brauchst du vielleicht Geld?
Mama! Jetzt hör aber auf!
Senden

< Nachrichten
Mama
Details
Bist du auf Facebook?
Ich?
Nein.
Auf keinen Fall.
Senden

< Nachrichten
Mama
Details
Ich war im Kino, weil du mir doch diesen Film empfohlen hast.
Und? Hat er dir gefallen?
Ich weiß nicht. Ich kam zu spät, und er hatte schon angefangen. Da bin ich wieder gegangen.
Ich hoffe, du merkst selbst, wie wenig anekdotisch diese Anekdote ist …
Senden

●●●●○
< Nachrichten
Mama
Details
Meinst du, ich sollte mir eine Freisprechanlage für mein Handy besorgen?
Ich meine, alles ist gut, was Abstand zwischen dir und deinem Handy schafft.
Das habe ich nicht verstanden.
Doch, jetzt habe ich es verstanden.
Und dein Humor gefällt mir überhaupt nicht.
Senden

●●●○○
< Nachrichten
Mama
Details
Was ist das denn?
Ich weiß nicht, ich habe es in meinem Handy gefunden. Sieht aus wie ein Gemüse.
Eine Zucchini?
Ist es nicht eher eine Aubergine?
Stimmt, hast recht, es ist eine Aubergine!
Wozu braucht man eine Aubergine im Handy?
Senden

< Nachrichten **Mama** Details

Die Uhr im Telefon hat sich verstellt. Wie stelle ich die Zeit wieder richtig ein?

Du gehst auf die Uhr-App …

Ist das die mit der Uhr drauf?

Nein, die mit dem scrabblespielenden Pferd im Tutu …

Die finde ich nicht!

Das war ein Scherz, Mama.

Senden

< Nachrichten **Mama** Details

Grisouille hat schon wieder einen Sessel zerstört. Bist du dir sicher, dass du die Katze nicht bei dir haben willst?

Und wo soll ich sie lassen?

Wo steht, dass Eltern sich um die Tiere ihrer Kinder kümmern müssen?

In der Bibel vielleicht?

Guter Versuch, aber nein, das steht sicher nicht in der Bibel …

Senden

< Nachrichten
Mama
Details
Ich wünsche dir ein schönes Wochenende, mein Schatz!
Das hast du mir vor zwei Minuten am Telefon schon gesagt. Warum schreibst du jetzt noch eine SMS?
Wer schreibt, der bleibt.
Ist das dein Leitspruch? Möchtest du den auf deinem Grabstein haben?
Mama?
Senden

●●●○○
< Nachrichten
Mama
Details
Mein erster Gedanke an diesem Morgen gilt dir, mein Schatz. Ich umarme dich ganz fest, deine Mama.
Mir wäre es lieb, wenn du in Zukunft deinen ersten Gedanken nicht sonntags um 7.30 Uhr äußern würdest …
Senden

●●●●○
< Nachrichten
Mama
Details
Herzlichen Glückwunsch zum Geburtstag, mein Schatz!
Hast du mir Geld überwiesen?
Nein, dieses Jahr habe ich beschlossen, dir ein richtiges Geschenk zu schicken.
Willst du mir nicht doch lieber Geld überwiesen? ♥♥♥
Senden

●●●○○
< Nachrichten
Mama
Details
Ist die Börse-App nützlich?
Kommt darauf an, ob du Aktien hast oder welche kaufen willst.
Meinst du, ich sollte Aktien kaufen?
Lass dir nicht von deinem Handy das Leben diktieren, Mama!!!
Senden

< Nachrichten **Mama** Details

Ich habe einen neuen Handyvertrag. Jetzt kann ich unbegrenzt SMS verschicken!!!

Bist du nicht da?

Hallo?

Senden

< Nachrichten
Mama
Details
Kchhhhhtschhh!!!
Was?
Kchhhhhtschhh!!!
Mama?
Nein. Kchhhhh tschhh!!!
Ich bin's, dein Vater!!!
Kchhhhhtschhh!!!
Hahaha! Super
Darth-Vader-Imitation!!!
:–)
Senden

< Nachrichten
Mama
Details
Du hast bei deinem letzten Besuch eine Socke vergessen. Soll ich sie dir mit der Post schicken?
Nein. Ich werde auch ohne sie überleben.
Ich kann sie dir aber gerne schicken.
Du hast recht. Schick sie lieber. Sonst findet sich der Weihnachtsmann gar nicht mehr zurecht, wenn er dieses Jahr eine einzelne Socke verteilen soll.
Du brauchst jetzt nicht fies zu werden.
Senden

●●●○○

< Nachrichten **Mama** Details

Wünschst du mir dieses Wochenende gar kein schönes Wochenende?

Bist du nicht da?

Mama?

Ich mach mir echt Sorgen. Ich ruf dich an.

Senden

< Nachrichten
Mama
Details
Ich habe schlechte Neuigkeiten.
Was ist?
Grisouille ist tot.
O nein. Was ist passiert?
APRIL, APRIL!!!
Es ist Oma.
WAS?!
Senden

●●●○○

< Nachrichten **Mama** Details

Hast du gerade versucht, mich anzurufen?

Nein.

Willst du mir damit sagen, dass ich dich anrufen soll?

Wie du willst.

Aber ich würde mich darüber freuen, das schon.

Senden

< Nachrichten Mama Details

Ich hoffe, dass du meine Nachrichten nicht deinen Freunden zeigst!

Natürlich nicht.

Ich hoffe auch, dass du nicht vorhast, sie zu veröffentlichen …

Warum sollte ich?

Weil es mir das Herz brechen würde, wenn du es tätest.

Und du willst mir doch sicher nicht das Herz brechen …

Senden

●●●○○
< Nachrichten
Mama
Details
Wo bist du gestern Abend gewesen? Ich habe versucht, dich anzurufen.
Ich war mit Freunden im Kino.
Siehst du? Du hältst mich wohl für total bescheuert!
?
Senden

< Nachrichten
Mama
Details
Könntest du mir meinen Impfpass schicken?
Wozu?
Um zu überprüfen, ob ich eine Impfung erneuern lassen muss.
Musst du nicht.
Woher weißt du das?
Eine Mutter weiß so etwas.
Du hast ihn verbummelt, stimmt's?
Senden

●●●○○
< Nachrichten
Mama
Details
Ich glaube, mein Handy ist kaputt.
Wieso?
Es macht so komische Geräusche.
Was denn für Geräusche?
So ein «krüwing krüwing krüüü», wenn ich telefoniere.
Erzähl mir nicht, dass du gerade dein Handy per SMS nachmachst ...
Doch, warum?
Senden

< Nachrichten

Mama

Details

Ich wünsche dir ein schönes Wochenende, mein Schatz!

Ich tausche dein «Ich wünsche dir ein schönes Wochenende, mein Schatz!» gegen eine Rückfahrkarte zu dir.

Warte mal, du willst, dass ich dir die Fahrt bezahle, damit du mich besuchen kommst?

Das ist doch das Mindeste. Allein für das Beantworten deiner SMS hätte ich ein Gehalt verdient.

Ich habe ein Monster erschaffen!

Senden

●●●○○
< Nachrichten
Mama
Details
Rofl
Wie bitte?
Das heißt laut lachen.
Heißt das nicht LOL?
Auch. Lqtm
Ivgn
?
Ich versteh gar nichts!
XD
Senden

< Nachrichten **Die Erzeugerin** Details

Könntest du mich vielleicht bei Twitter anmelden?

Haha!!!

Nein.

Senden

< Nachrichten **Mama** Details

Cxixfklush!

Oma?

Jacht

Ich dachte, du wärst tot!!!

Ichf jfifjf ibi vo hier fjdjduufu.

Hat sich Mama doch tatsächlich einen Aprilscherz erlaubt?

Und dass sie sich schnell dein Erbe unter den Nagel gerissen hat, war wohl auch ein Aprilscherz?

Senden

●●●●○
< Nachrichten
Mama
Details
Bist du noch sauer auf mich?
Nein, warum sollte ich?
Wegen letztem Mal …
Ach das! Schwamm drüber, das ist vergessen.
Bist du sicher? Du bist so kühl …
Ich schwöre es dir. Das ist Schnee von gestern … Schönen Abend noch.
Senden

< Nachrichten **Mama** Details

Wie lange muss man Eier im Wasser lassen, wenn man sie pochieren will?

Woher soll ich das wissen?

Na vielleicht, weil du eine Mutter bist!

Weißt du, mein Schatz, auch wenn du es vielleicht nicht gerne hörst, aber zuallererst bin ich eine Frau und dann erst eine Mutter!

Fünf Minuten in kochendem Essigwasser …

Senden

< Nachrichten

Mama

Details

Gib's zu, du hast die Klospülung gar nicht repariert, als du das letzte Mal hier warst ...

Doch, natürlich.

Es ist nicht schlimm, wenn man handwerklich nicht so begabt ist.

Ich liebe dich trotzdem.

Du bist und bleibst mein Schätzchen ...

Aber ich habe sie repariert!!!

Du brauchst nichts mehr zu sagen, ich denke nicht schlecht über dich!

Senden

●●●○○

< Nachrichten **Mama** Details

Ich wünsche dir ein schönes Wochenende, mein Schatz!

Ich hoffe, dir ist bewusst, wie sehr du mich mit diesem Ritual quälst.

Du kannst dich glücklich schätzen, dass ich dir nicht noch montagmorgens eine schöne Woche wünsche.

Obwohl, eigentlich könnte ich ...

Vergiss es!

Senden

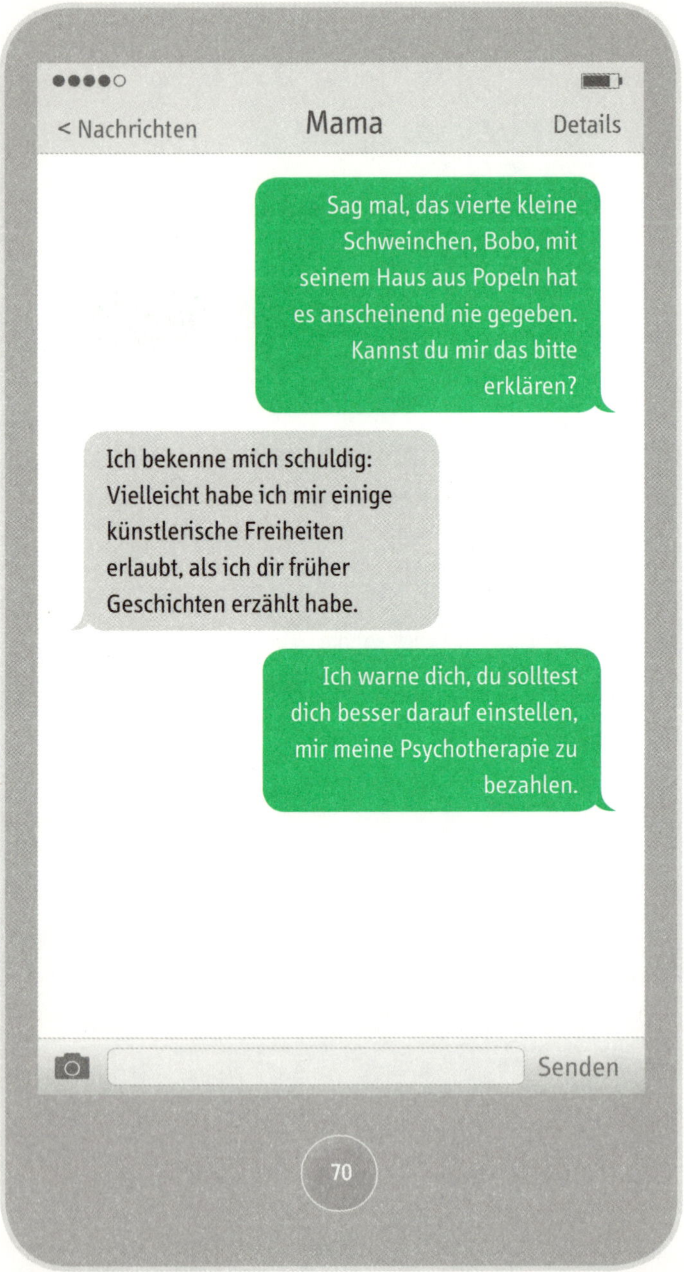
●●●●○
< Nachrichten
Mama
Details
Sag mal, das vierte kleine Schweinchen, Bobo, mit seinem Haus aus Popeln hat es anscheinend nie gegeben. Kannst du mir das bitte erklären?
Ich bekenne mich schuldig: Vielleicht habe ich mir einige künstlerische Freiheiten erlaubt, als ich dir früher Geschichten erzählt habe.
Ich warne dich, du solltest dich besser darauf einstellen, mir meine Psychotherapie zu bezahlen.
Senden

●●●○○
< Nachrichten
Mama
Details
Ich wünsche dir eine schöne Woche, mein Schatz!!!
...
Senden

< Nachrichten
Mama
Details
Bravo, ich verbeuge mich vor dir!
Senden

< Nachrichten
Mama
Details
Wir haben Ihren geliebten Sohn entführt. Wenn Sie 2000 Euro an seine Adresse schicken, wird ihm nichts passieren.
Immer noch: nein, mein Schatz.
Das ist kein Scherz, das ist bitterer Ernst!
Ich muss jetzt mein Kartoffelgratin aus dem Ofen holen. Liebe Grütze.
Senden

●●●●○

< Nachrichten **Mama** Details

Ich habe dein Zimmer aufgeräumt.

Ich wohne schon seit zehn Jahren nicht mehr darin, so unaufgeräumt kann es eigentlich gar nicht sein.

Ich glaube fast, du machst dort absichtlich Chaos, wenn ich nicht da bin, weil es dir Spaß macht aufzuräumen, und um mir Schuldgefühle zu machen. Wie damals, als ich fünf war!

Als ob ich mich langweilen würde ...

Senden

< Nachrichten **Mama** Details

Eins steht fest: Du kannst Grisouille nicht ausstehen!

Sei nicht so genervt!
Wer bringt das Vieh zum Entwurmen, seit du mich mit ihm sitzengelassen hast?
Du vielleicht?

Ich habe Grisouille immer selbst zum Entwurmen gebracht, das sag ich dir.

Und ich würde es auch jetzt tun, wenn ich könnte!

Bilde ich mir das ein, oder ist dieser Dialog leicht surreal?

Senden

●●●○○
< Nachrichten
Mama
Details
Ich wünsche dir ein schönes Wochenende, mein Schatz!
DU NERVST!!!!!!!!!!!!!
Senden
Q W E R T Z U I O P Ü
A S D F G H J K L Ö Ä
Y X C V B N M
123
Leerzeichen
Return

●●●○○

< Nachrichten **Mama** Details

Wie heißt noch mal das Lied von Céline Dion?

Geht's vielleicht etwas genauer?

Wie? Gibt es vielleicht mehrere Céline Dions?

Senden

< Nachrichten **Mama** Details

Darf ich dir eine Frage stellen?

Ja.

War meine Geburt ein Unfall, eine Notwendigkeit oder ein Wunsch?

Sagen wir, du warst der notwendige Unfall, den ich mir gewünscht habe.

♥♥♥

Ich weiß nicht, wie man Herzen macht.

Senden

●●●○○
< Nachrichten
Mama
Details
Ich hab dich lieb, Mama.
Schatz, es ist drei Uhr morgens ...
Ich hab dich trotzdem lieb, herzallerliebste Mama.
Hast du getrunken?
Ja.
Aber ich bin ein Jedi!
Senden

< Nachrichten **Mama** Details

Weißt du was? Ich hab eine Idee!

O nein, bitte nicht ...

Was ist?

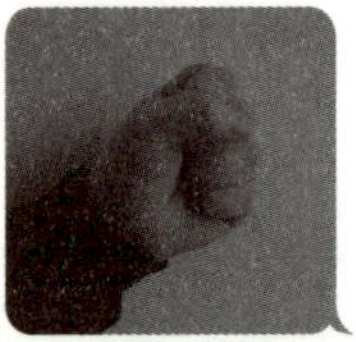

Yes! Gewonnen!!!

Senden

●●●○○

< Nachrichten **Mama** Details

Ich werde mir einen zweiten Computer zulegen.

Was willst du denn damit? Du benutzt ja nicht einmal den einen!

Ich kann machen, was ich will. Soviel ich weiß, bist du nicht meine Mutter!

Senden

< Nachrichten Mama Details

Ich wünsche dir ein schönes Wochenende, mein Schatz!

Jedes Mal, wenn du mir ein schönes Wochenende wünschst, lässt Gott ein Kätzchen sterben. Überleg es dir beim nächsten Mal also gut.

Wie alt ist Grisouille noch mal?

Das kannst du ganz schnell wieder vergessen!

Ich wünsche dir ein schönes Wochenende, mein Schatz!

Senden

●●●○○
< Nachrichten
Mama
Details
Spakamasse mioute!
Oma?
Ixi tubgydjia
Schon gut, Mama, ich habe dich erkannt …
Woher wusstest du, dass ich es war?
Soll das ein Witz sein? Du warst noch nie eine gute Schauspielerin …
Mist.
Senden

< Nachrichten
Mama
Details
Dickes Küsschen.
Warum?
Ich weiß nicht. Nur so.
Ich will deine Küsschen aber nicht.
Eine Welt ohne Küsschen wäre aber traurig ...
Die Welt braucht keine Küsschen, sondern Taschengeld.
Senden

●●●○○
< Nachrichten
Mama
Details
Holst du mich vom Bahnhof ab, oder soll ich ein Taxi nehmen?
Ja.
Senden

< Nachrichten **Mama** Details

Ich habe mir gerade eine App runtergeladen, die mein Handy in einen Kompass verwandelt.

Erinnere mich daran, dass ich mir die App «Block Mom» runterlade, die überflüssige SMS meiner Mutter nicht anzeigt, wenn ich bei der Arbeit bin.

Es gibt keinen Grund, fies zu werden.

Gibt es so was wirklich?

Senden

< Nachrichten
Mama
Details
Tut mir leid, dass ich dir nicht antworten konnte. Ich war bei meinem Nachbarn Boris, der mich auf einen Tee eingeladen hat.
Aha? Dein Nachbar Boris muss aber guten Tee machen, so oft, wie du bei ihm bist …
Was willst du damit sagen?
Dass ich glaube, dass dein Nachbar Boris das nicht ohne Hintergedanken tut …
Senden

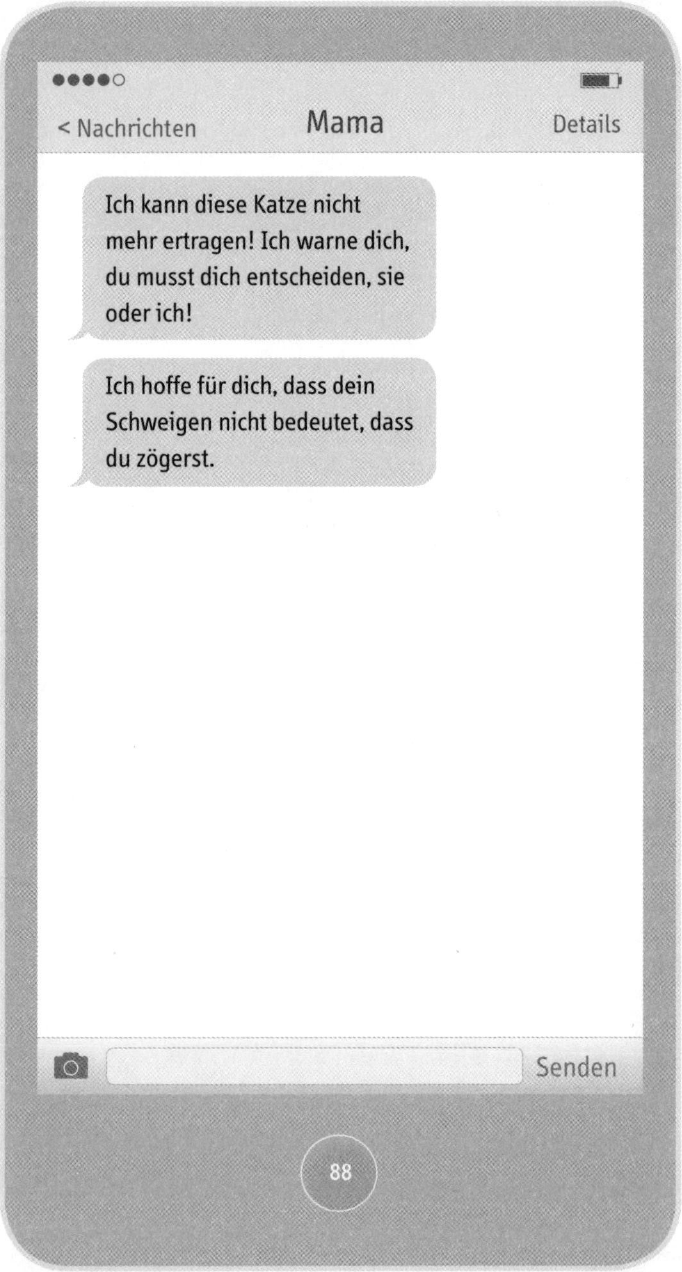

< Nachrichten
Mama
Details
Ich kann diese Katze nicht mehr ertragen! Ich warne dich, du musst dich entscheiden, sie oder ich!
Ich hoffe für dich, dass dein Schweigen nicht bedeutet, dass du zögerst.
Senden
88

< Nachrichten

Mama

Details

Ich wünsche dir ein schönes Wochenende, mein Schatz!

Nein, das ist nur meine Mutter, die mir eine SMS schreibt, um mir ein schönes Wochenende zu wünschen. Das macht sie jede Woche. Sie macht mich wahnsinnig damit.

Hups ...

Senden

< Nachrichten
Mama
Details
Hör mal!
Ja?
Ist Mama in der Nähe?
Ich bin’s, warum?
Bitte sag ihr: Mama, da will jemand was von dir.
Du bist blöd.
Sag ihr bitte, dass es wichtig ist.
Mein Gott, bist du blöd.
Senden

< Nachrichten
Mama
Details
Wo bist du? Ich bin jetzt da.
Wo bist du? Ich warte schon seit fünf Minuten.
Wann kommst du?
Warum antwortest du nicht?
Gut, so lange warte ich weiter.
Ich warte jetzt schon seit einer Viertelstunde. Wo bist du?
Ich habe genug vom Warten. Ich gehe.
Senden

< Nachrichten
Mama
Details
Wie heißt noch mal das Lied von Céline Dion?
Geht's vielleicht etwas genauer?
Das aus dem Film ...
Titanic?
Nein, aus dem nicht ...
My Heart Will Go On?
Genau! Danke, mein Schatz!
Senden

●●●○○

< Nachrichten — **Mama** — Details

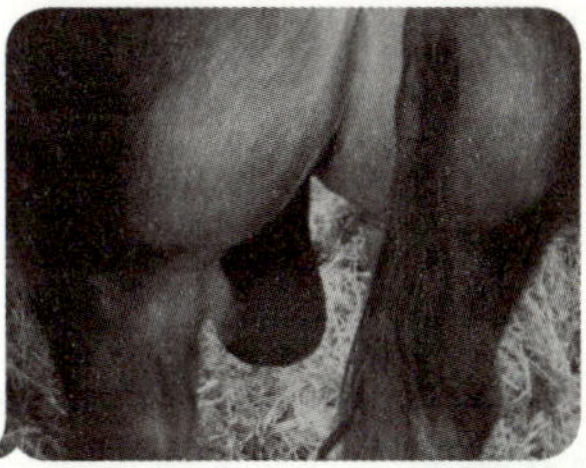

Was ist das für ein Foto?

Das sind Stierhoden. So ganz nebenbei, nicht schlecht, die Kronjuwelen von so einem Stier.

MAMA?! DAS GEHT GAR NICHT!

Darf man nicht mal einen kleinen Scherz machen?

Senden

< Nachrichten **Mama** Details

Hast du gerade versucht, mich anzurufen?

Nein, warum?

Mama, ich sehe deine Nummer auf meinem Display, ich weiß also, dass du es warst …

Das war nur ein Test.

?

VERURTEILE MICH NICHT!!!

?

Senden

< Nachrichten
Mama
Details
乽 乿 伃 伵 侮 伆 佄 侈 俶
俕 㑪 倂 伱㑈廆
Warum schreibst du auf Chinesisch?
亲些亚亘亄乳乷
????????????
Haha! Mama, du musst die Spracheinstellung wieder umstellen!!!!
事亗亜亚亃亄乮乯亥亟亊
乳亶亂乾亀
Senden

< Nachrichten **Mama** Details

Ich wünsche dir ein schönes Wochenende, mein Schatz!

Aha, so weit ist es also schon gekommen?

Du machst dir nicht einmal mehr die Mühe, mir zu antworten?

Nach all den Opfern, die ich erbracht habe?

Ich, die ich dich ganz allein großgezogen habe …

🎻🎻🎻🎻

Senden

< Nachrichten
Mama
Details
Ich wollte dir nur kurz sagen, dass du dein Handy bei mir vergessen hast. Liebe Grütze.
Senden

●●●●○
< Nachrichten
Mama
Details
Hi, Mama!
Was willst du?
Ach nichts, ich wollte nur mal hallo sagen.
Das ist nett.
Gern geschehen. ♥♥♥
Wenn du auf Geld aus bist, sag es einfach und spar dir deine Herzen.
Senden

●●●○○
< Nachrichten
Mama
Details
Ich glaube, mein Handy ist kaputt.
Was ist denn dieses Mal los?
Es klingelt nicht mehr.
Aha?
Es fängt an zu zittern, gibt aber keinen Ton von sich.
Du bist im Vibrationsmodus ...
VERURTEILE MICH NICHT!!!
...
Senden

< Nachrichten **Mama** Details

Wie heißt noch mal das Lied von Céline Dion?

Geht's vielleicht etwas genauer?

Das mit dem Blinden.

Das war nicht Céline Dion.

Mit Pavarotti.

Pavarotti ist nicht der Blinde. Pavarotti ist der Dicke.

Ist nicht Carlos der Dicke?

Ich verstehe gar nichts mehr.

Senden

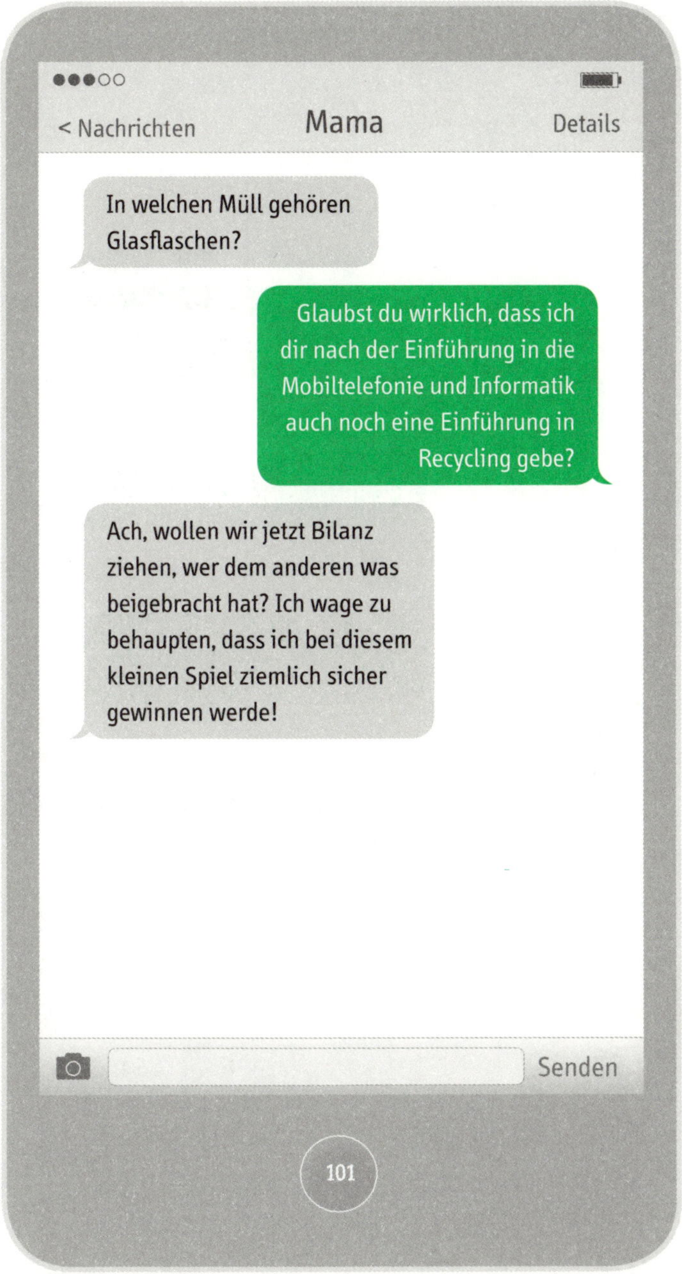
< Nachrichten
Mama
Details
In welchen Müll gehören Glasflaschen?
Glaubst du wirklich, dass ich dir nach der Einführung in die Mobiltelefonie und Informatik auch noch eine Einführung in Recycling gebe?
Ach, wollen wir jetzt Bilanz ziehen, wer dem anderen was beigebracht hat? Ich wage zu behaupten, dass ich bei diesem kleinen Spiel ziemlich sicher gewinnen werde!
Senden

< Nachrichten
Mama
Details
Hallihallo, bist du da?
Nein.
Senden

●●●○○
< Nachrichten
Mama
Details
Ich wünsche dir ein schönes Wochenende, mein Schatz!
Ein Wochenende, das mit einer Nachricht von dir beginnt, kann nicht gut werden.
Sehr charmant ...
Senden

< Nachrichten
Mama
Details
Was machst du gerade?
Ich arbeite.
Und was machst du jetzt?
Ich arbeite, genau wie vor zehn Minuten.
Scheint mir ganz schön langweilig zu sein, deine Arbeit …
?
Senden

●●●○○
< Nachrichten
Mama
Details
Seitdem kenne ich mich selbst besser.
Anderen ein Rätsel sein und
Antidepressiva besorgen
Den Ofen anheizen
Die Nacht rumbringen
Engel entmannen
O Mann, Mama, ich glaub, wir befinden uns in einem Dialog von Sarah Kane!!!
Senden

< Nachrichten
Mama
Details
Ich mache eine Quiche.
Ich mache eine Quiche.
Ich mache eine Quiche.
Ich mache eine Quiche.
Ich mache eine Quiche.
Ich mache eine Quiche.
Du machst eine Quiche?
Nein, warum?
Senden

< Nachrichten
Mama
Details
Bist du allein?
Nein.
Wer ist bei dir?
Das geht dich nichts an.
Was dein ist, ist mein.
Nein. Was mein ist, ist mein, und was dein ist, ist auch mein. So lautet die Regel.
Ich habe nichts unterschrieben.
Das geht stillschweigend!
Senden

< Nachrichten **Mama** Details

Zu deiner Information: Die Klospülung, die du nicht wieder hingekriegt hast, funktioniert jetzt. Mein Nachbar Boris hat sich darum gekümmert.

Dein Nachbar Boris macht wohl alles besser als andere!

Behandle lieber deinen Ödipuskomplex, anstatt fies zu werden!

Das hat nichts damit zu tun!

Senden

●●●○○
< Nachrichten
Mama
Details
Was gibt es Schöneres als das Glück, Mutter zu sein?
Eine Playstation?
Senden

< Nachrichten
Mama
Details
Ich wünsche dir ein schönes Wochenende, mein Schatz!
Dir auch!
Senden

< Nachrichten
Mama
Details
Manchmal hätte ich Lust, hier alles hinzuschmeißen und nach Kalkutta zu fliegen, um dort den Leprakranken zu helfen …
Tu, was du nicht lassen kannst, solange ich das Haus kriege …
Senden

●●●●○

< Nachrichten **Mama** Details

Hallihallo, bist du da?

Nein.

Den Trick kenne ich schon.
Deine Taktik, den arroganten,
gefragten jungen Typen
raushängen zu lassen,
funktioniert nicht mehr:
Ich weiß, dass du da bist!!!

Mist.

Senden

< Nachrichten **Mama** Details

Ich habe ein Problem mit deiner Katze.

Was hat sie denn, meine süße Grisouille?

Sie verhält sich in letzter Zeit so seltsam.

Wie denn?

Ich weiß auch nicht, irgendwie hinterlistig. Sie hat was gegen mich.

Mama, sie ist eine Katze, und Katzen sind immer hinterlistig.

Senden

< Nachrichten **Mama** Details

Wie ist das Wetter bei dir?

Schlecht.

Für morgen haben sie schönes Wetter bei euch vorhergesagt.

Könntest du mir auch gleich die 7-Tage-Vorhersage liefern?

Also: morgen schön, übermorgen auch, aber gegen Ende der Woche soll es wieder schlechter werden.

Das war ein Scherz, Mama.

Senden

●●●○○
< Nachrichten
Mama
Details
Hallihallo!
Hallihallo.
Wie bitte?
Du hast hallihallo geschrieben, also habe ich zurückgegrüßt.
Nie im Leben habe ich hallihallo geschrieben.
Ganz sicher …
Ich weiß, was ich tue.
Alzheimer!
WIE BITTE???
Senden

< Nachrichten **Mama** Details

Wo bist du gestern Abend gewesen? Ich habe mindestens 100 Mal versucht, dich zu erreichen?!

Ach ja? Wahrscheinlich habe ich den Hörer nicht richtig aufgelegt.

BEI EINEM MOBILTELEFON KANN MAN DEN HÖRER NICHT NICHT RICHTIG AUFLEGEN!!!

Du warst bei deinem Nachbarn Boris, stimmt's?

Tut mir leid, aber ich kann dich nicht verstehen, ich bin gerade in einem Tunnel. Liebe Grütze.

Senden

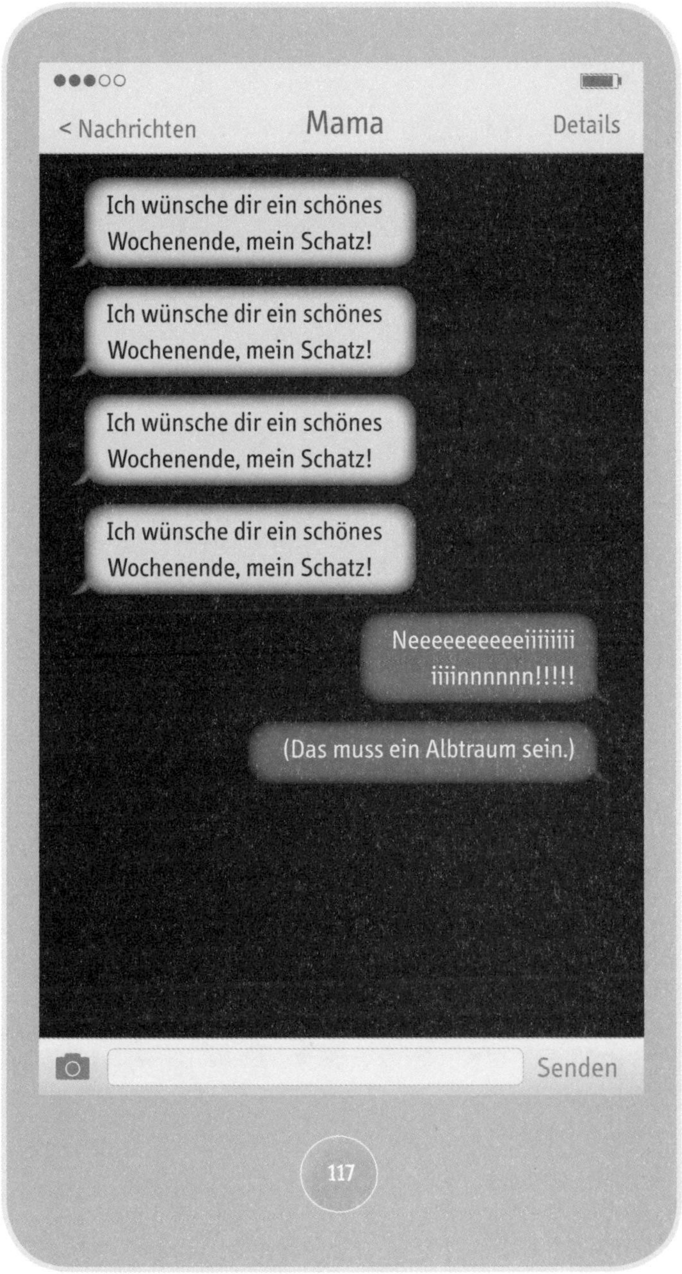
●●●○○
< Nachrichten
Mama
Details
Ich wünsche dir ein schönes Wochenende, mein Schatz!
Ich wünsche dir ein schönes Wochenende, mein Schatz!
Ich wünsche dir ein schönes Wochenende, mein Schatz!
Ich wünsche dir ein schönes Wochenende, mein Schatz!
Neeeeeeeeeeiiiiiii iiiinnnnnn!!!!!
(Das muss ein Albtraum sein.)
Senden

●●●●○
< Nachrichten
Mama
Details
Kannst du mir ein bisschen Geld schicken?
Frag mal beim Trevi-Brunnen nach. Da stehen die Chancen höher als bei mir.
Warum bist du so zynisch, Mama?
Chronische postpartale Depression. Genügt dir das als Erklärung?
Oha …
Senden

< Nachrichten **Mama** Details

Warum stellst du mich nie deinen Freundinnen vor?

Weil ich Angst habe, dass du gemein zu ihnen bist.

Als wäre ich eine dieser besitzergreifenden Mütter …

Hast du im Moment eine Freundin?

Ist sie nett?

Was machen ihre Eltern?

Senden

< Nachrichten
Mama
Details
Unterstützt der Staat Kinder eigentlich bei der Finanzierung eines Altenheimplatzes für die Eltern?
Warum fragst du mich das?
Nur so, ohne Hintergedanken. Schönen Tag noch.
Ich werde mich trotzdem mal erkundigen ... ☺☺☺
Senden

< Nachrichten
Mama
Details
Was ist der Unterschied zwischen
Schon gut, ich weiß schon.
?
Passiert es dir etwa nie, dass du plötzlich feststellst, dass du selbst die Antworten auf alle Fragen weißt, die du stellst?
Nein. Meine Generation hat dafür Google …
Senden

●●●●○
< Nachrichten
Mama
Details
Man mannn!
LASS DIE KATZE LOS, MAMA!!!!!
Senden

●●●○○
< Nachrichten
Mama
Details
Alles Gute zum Muttertag ♥♥
Ich lasse mich nicht bestechen!!!!
?
Senden

< Nachrichten
Mama
Details
Schönes Wochenende!
Wem wünschst du denn ein schönes Wochenende?
Ich wünsche dir ein schönes Wochenende, mein Schatz!
Geht doch.
Wie bitte?
Nee, wirklich!
Senden

< Nachrichten
Mama
Details
Ich überlege, ob ich mir ein Tablet zulegen soll …
Angesichts deines Talents beim Tippen wird das sehr lustig …
Das ist kein Grund, um fies zu werden. Manchmal habe ich wirklich das Gefühl, du denkst, ich hätte nur Grütze im Hirn!
Meinst du Grüße?
Haha!
Senden

< Nachrichten **Mama** Details

Ich hätte Lust, mir einen neuen Ofen zu kaufen.

Wenn du nicht weißt, wohin mit deinem Geld, nur her damit!

Ich bin gegen jegliche Form von wirtschaftlicher Abhängigkeit!

Immerhin bin ich dein Sohn!

Das ist mir bekannt, meine Schwangerschaftsstreifen erinnern mich jeden Tag, den Gott mir schenkt, daran!

Senden

●●●○○

< Nachrichten | **Mama** | Details

Nichts für ungut, aber dein Schmorbraten auf provenzalische Art liegt mir ziemlich schwer im Magen …

Während deiner Popelphase hat dir deine Verdauung weniger Probleme bereitet.

Ich habe nie ein Popelphase gehabt, das ist eklig!

Wenn du es sagst …

Senden

< Nachrichten **Mama** Details

Du hast dein Grapfenstrüc auf dem Sofa vergessen. Ich wäre dir sehr dankbar, wenn du kämst, um es abzuholen.

Mein Grapfen was?

Ich weiß nicht genau, was es ist, aber sicher ist, dass es piept, mich anstarrt und mir eine Höllenangst einjagt.

O nein, wenn es das ist, was ich glaube, dann MACH, DASS DU WEGKOMMST!!!

Senden

●●●○○
< Nachrichten
Mama
Details
Hast du geglaubt, dass alles besser wird?
Ja, ich weiß, es war ne geile Zeit …
Wie bitte?
Nein, natürlich nicht …
Senden

< Nachrichten **Mama** Details

Ich bin in fünf Minuten bei dir: ÜBERRASCHUNG!!!!!!

Ich bin aber gar nicht zu Hause: ÜBERRASCHUNG!!

Und was soll ich jetzt bitte schön machen? Umkehren?

Mit dem Zug nach Hause fahren?

Ein Taxi rufen?

Im Hotel übernachten?

Was soll ich machen????

Senden

< Nachrichten
Mama
Details
Ich wünsche dir ein schönes Wochenende, mein Schatz!
Warum?
Weil Wochenende ist.
Und?
Weil du mein Schatz bist.
Macht Sinn …
Senden

< Nachrichten **Mama** Details

Ich bin gegen Schiefergasfracking.

Aus welchem Grund?

Weil es unsere Pflicht ist, als Bürger dieser Erde gegen diese Methode, Erdgas zu gewinnen, zu kämpfen. Sie hat sich als verdammenswerter Frevel erwiesen, die von den egoistischen Interessen einiger Lobbyisten genährt wird!!!

Bist du nicht mehr da?

Senden

●●●○○

< Nachrichten **Mama** Details

Du kannst dir nicht vorstellen, was mir passiert ist! Die amerikanische Schauspielerin Sharon Stone hat mir eine Mail geschrieben, in der sie fragt, ob ich ihr Schönheitsgeheimnis wissen möchte, das sie noch niemandem verraten hat!

Öffne den Link nicht, das ist ein Virus, der deinen Computer zerstören wird!!!

Aha, na gut.

Aber trotzdem, woher hat Sharon Stone meine E-Mail-Adresse?

Senden

< Nachrichten **Mama** Details

Ich hab. .in Probl.m mit m.in.m Handy, .s schr.ibt d.n Buchstab.n . nicht m.hr. Was soll ich j.tzt tun?

Was hast du denn nun wieder gemacht?

Ich hab. wohl di. Tast. zu f.st g.drückt!

Auf einem Touchscreen kann sich eine Taste nicht verhaken, Mama!!!!

Wohl doch od.r hast du .in. and.r. .rklärung? Das n.rvt!!!

Senden

< Nachrichten
Mama
Details
Ich habe ein Stück von deinem Grapfenstrüc zwischen zwei Scheiben Vollkornbrot gegessen, köstlich!
Sieh an, das habe ich noch nie probiert! Freut mich, dass es dir geschmeckt hat!
Nur das Stöhnen stört beim Reinbeißen. Ziemlich sogar.
Man muss einfach an etwas anderes denken.
Senden

< Nachrichten
Mama
Details
Ich versuche gerade, ein bisschen Platz zu schaffen. Kann ich deine Figuren aus Krieg der Sterne wegschmeißen?
FASS SIE NICHT AN!!!
FASS SIE NICHT AN!!!
UND WENN DU ES BEREITS GETAN HAST, STELL SIE ZURÜCK AN IHREN PLATZ!
Ich komme sofort.
Du hast sie bereits angefasst, stimmt's?
FASS SIE NICHT AN!!!
Senden

< Nachrichten **Mama** Details

Seit meiner Geburt ist meine Mutter die Person, die mich gleichzeitig zum Lachen und zum Weinen bringen kann, die mich aufgezogen und in den Arm genommen hat, die mich groß werden sehen und mich inspiriert hat. Schicke diese Nachricht an eine Person, die dir wichtig ist, und an deine Mutter, um ihr zu zeigen, wie sehr du sie liebst. Die Kette der Mutterliebe darf nicht unterbrochen werden.

Ich warte.

Senden

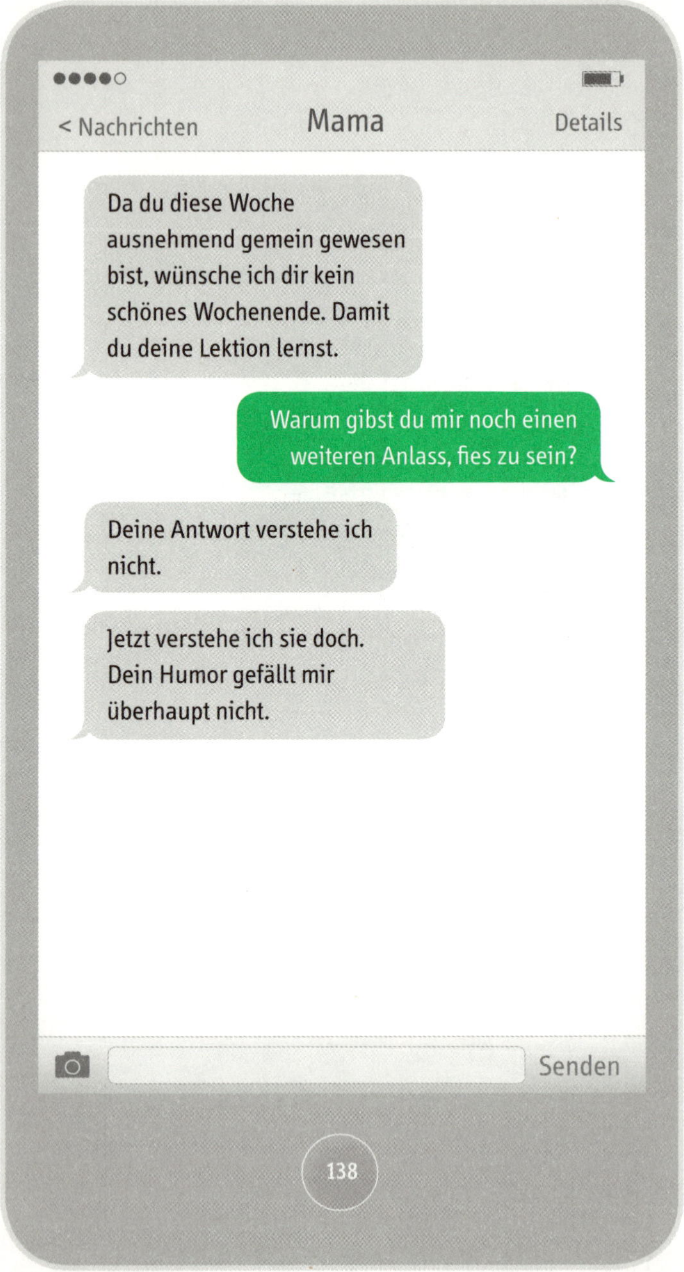

●●●●○
< Nachrichten
Mama
Details
Da du diese Woche ausnehmend gemein gewesen bist, wünsche ich dir kein schönes Wochenende. Damit du deine Lektion lernst.
Warum gibst du mir noch einen weiteren Anlass, fies zu sein?
Deine Antwort verstehe ich nicht.
Jetzt verstehe ich sie doch. Dein Humor gefällt mir überhaupt nicht.
Senden

●●●○○
< Nachrichten
Mama
Details
Wo bist du?
Joker!
Wie «Joker»?
Wieso?
Jeder hat das Recht, einen Joker zu spielen, oder?
Senden

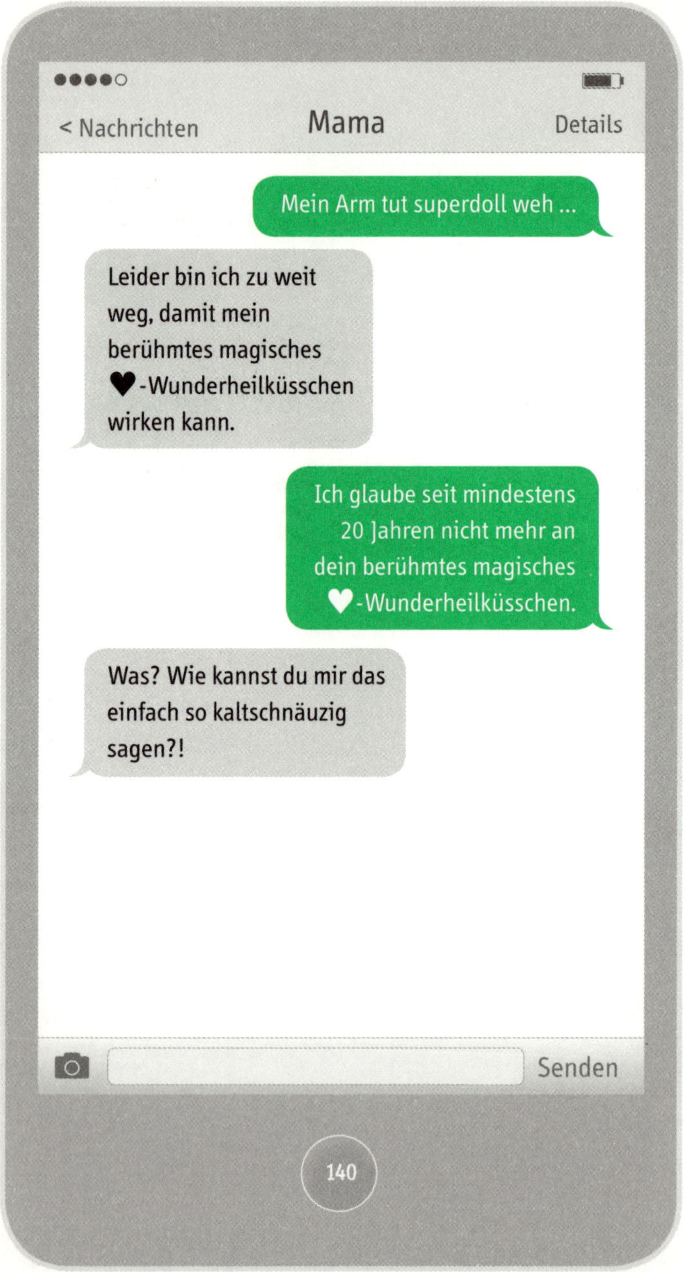
< Nachrichten
Mama
Details
Mein Arm tut superdoll weh …
Leider bin ich zu weit weg, damit mein berühmtes magisches ♥-Wunderheilküsschen wirken kann.
Ich glaube seit mindestens 20 Jahren nicht mehr an dein berühmtes magisches ♥-Wunderheilküsschen.
Was? Wie kannst du mir das einfach so kaltschnäuzig sagen?!
Senden

●●●○○

< Nachrichten **Mama** Details

Ich habe keine Kohle mehr.

Frag doch die Zahnfee ...

Da wir gerade beim Thema sind ...

Darüber diskutiere ich nicht mehr: Ich bin nicht dafür verantwortlich, dass du an sie geglaubt hast, bis du 14 warst. Ich habe das nicht gefördert ...

Na ja gut, vielleicht habe ich ein bisschen nachgeholfen ...

Senden

< Nachrichten
Mama
Details
Ruf mich an!
Ich hab keine Zeit.
Ruf mich an!
Ruf mich an!
Ruf mich an!
Ruf mich an!
Ruf mich an!
Ruf mich an!
Hör auf, ist ja schon gut. Ich ruf dich an.
Senden

●●●○○
< Nachrichten
Mama
Details
Jfifjf ein fufu.
Oma? Bist du es?
Jacht. Xxjxucic ist zivil hier. Chicopou.
Ich kann dir nicht jedes Mal Gras mitbringen. Ich fürchte schon jetzt dauernd, dass Mama von unseren kleinen Deals was mitkriegt!
Igficig
Ja, die medizinische Wirkung von Marihuana ist echt nicht zu verachten.
Senden
143

< Nachrichten
Mama
Details
Ich wünsche dir ein schönes Wochenende, mein Schatz!
Danke.
Ist das alles?
Erwartest du dafür eine Medaille, oder was?
Senden

●●●○○

< Nachrichten

Mama

Details

Hi, Mama! Ich hätte eine kleine Bitte: Könntest du nicht Chicorée im Schinkenmantel kochen, wenn ich komme?

Das schmeckt mir nämlich nicht.

Ich hab Chicorée im Schinken-mantel noch nie gemocht.

Senden

< Nachrichten **Mama** Details

Ich mache mir ein wenig Sorgen. Wenn ich auf die Toilette gehe, ist mein Stuhl seit zwei Tagen ungewöhnlich hell.

Worauf du dir gesagt hast: «Das erzähl ich doch gleich mal meinem Sohn, der sich nichts Schöneres vorstellen kann, als sich mit meinem Stuhl zu beschäftigen.»!

Mit wem soll ich denn sonst darüber sprechen?

MIT EINEM ARZT!

Mir ist das zu viel Information, Mama …

Senden

< Nachrichten **Mama** Details

Die Geräusche, die Grisouille macht, wenn man sie drückt, klingen echt lustig!

Kannst du mir bitte sagen, warum du meine Katze drückst?

Wer hat denn gesagt, dass ich es tue?

Hör sofort auf, meine Katze zu drücken!!!!

Abgesehen von diesen Geräuschen habe ich aber nicht den Eindruck, dass es ihr besonders missfällt, gedrückt zu werden!

Senden

< Nachrichten
Mama
Details
Ich habe dein Lieblingsessen gekocht.
Cool.
Leider ist es angebrannt, deshalb gibt es jetzt Nudeln mit Butter …
NEEEEEEEEEIIIIINNNN!!!!!
Senden

●●●○○

< Nachrichten **Mama** Details

MAMA, WAS IST DAS DENN JETZT FÜR EIN FOTO?!

Entschuldigung, sollte an jemand anderen gehen …

Darüber sprechen wir noch …

Senden

< Nachrichten Mama Details

Wusstest du, dass dein Grapfenstrüc auch ausländische Sender empfangen kann?

Echt? Das ist ja genial! Am Ende hol ich es mir doch noch wieder!

Vergiss nicht, es zu füttern!

Ja, ja, keine Sorge!

Senden

< Nachrichten Mama Details

Wie lange hat man Zeit, um eine Krankmeldung an seinen Arbeitgeber zu schicken?

48 Stunden.

Danke, Mama. Was würde ich nur ohne dich tun?!

Betteln?

Senden

< Nachrichten **Mama** Details

Ich wünsche dir ein schönes Wochenende, mein Schatz!

Antwortest du nicht?

Viele junge Männer würden sich freuen, wenn ihre Mutter ihnen am Ende jeder Woche ein schönes Wochenende wünscht …

Nenn mir Namen!

Senden

●●●○○
< Nachrichten
Mama
Details
«Für eine Mutter ist der Schlüssel zum Glück die Liebe ihrer Kinder.»
«Für ein Kind sind es die regelmäßigen Überweisungen der Mutter.»
Haha!
Senden

< Nachrichten
Mama
Details
Hast du eigentlich eine Sterbegeldversicherung?
Sterbegeldversicherungen sind was für alte Leute!
Und? Hast du eine?
Senden

< Nachrichten **Mama** Details

Treffen sich zwei Rosinen. Fragt die eine: «Wieso hast du ’nen Bauhelm auf?» Darauf die andere: «Ich geh jetzt in den Stollen!»

Du musst zugeben, dass der lustig ist!

Nein?

Findest du ihn nicht lustig?

Das mit den zwei Bedeutungen von Stollen, das ist lustig!

Hast du den Witz verstanden?

Der Stollen im Bergwerk und der Kuchen. Das ist doch lustig, oder?

Nicht?

Senden

●●●●○
< Nachrichten
Mama
Details
Wo bist du?
Mit Diane unterwegs.
Wer ist das denn?
Das Mädchen, mit dem ich auch neulich Abend schon unterwegs war.
Wo hast du die denn jetzt her? Und kenne ich sie?
Das geht dich nichts an. Und nein.
Ruf mich sofort an!!!!
Mal sehen.
SOFORT!
Senden

< Nachrichten **Mama** Details

Was haben dir meine Chicorée im Schinkenmantel getan, dass du sie so schrecklich findest?

Chicorée im Schinkenmantel muss von Müttern erfunden worden sein, die ihre Kinder gehasst haben. Weshalb ich jedes Mal, wenn du sie machst, an deiner Liebe zweifele. So, jetzt weißt du, was deine Chicorée im Schinkenmantel mir getan haben.

Senden

< Nachrichten
Mama
Details
O Wuth!
Verzweiflung!
O du feindlich Alter!
Sagst du das zu mir? Weißt du, was sie dir sagt, die feindliche Alte?
Senden

< Nachrichten
Mama
Details
Ich wünsche dir ein schönes Wochenende, mein Schatz!
Ich wünsche dir ein schönes Wochenende, mein Schatz!
Wie bitte?
Wie bitte?
Hör auf damit!
Hör auf damit!
Das ist nicht lustig!
Das ist nicht lustig!
Ich sehe schrecklich aus!
Warum sagst du das 😛?
Senden

< Nachrichten **Mama** Details

Vergiss nicht, dass ich morgen Abend mit Diane zum Essen komme. Versuch wenigstens, nett zu sein.

Das musst du gerade sagen, so wie du dich gegenüber meinem Nachbarn Boris aufgeführt hast, mit dem ich, wenn ich dich daran erinnern darf, keinerlei Beziehung führe ...

Das ist etwas ganz anderes, du bist meine Mutter, und ich muss dich beschützen.

Und du bist mein Sohn und hältst jetzt den Rand!

Senden

●●●○○

< Nachrichten **Mama** Details

Wie kann man eine Nachricht reproduzieren?

Man lässt eine männliche Nachricht mit einer weiblichen Nachricht in einem Hotelzimmer allein und wartet dann mehrere Monate.

Und eine CD von Barry White muss auch dabei sein. Das ist wichtig.

Den Humor hast du eindeutig von deinem Vater …

Senden

< Nachrichten **Mama** Details

Und? Wie findest du meine neue Freundin?

Hässlich.

Und fett.

Und strohdoof.

Sie macht widerliche Geräusche beim Kauen.

Ich glaube, sie ist die Richtige, Mama.

Hast du sie geschwängert?

Senden

●●●○○
< Nachrichten
Mama
Details
Ich habe eine App runtergeladen, mit der man mit Hilfe von Spracherkennung Nachrichten schreiben kann.
Zeig mal!
Lust ich Abba Funk Zion hier Schlächter.
Das ist ja grausam!!! 😃
Vieh Krieg Gicht As Haus?
Hahaha!
Sarg schmier!!!
Senden

< Nachrichten
Mama
Details
Warum mag der Browser meines Computers keine Cookies?
Sind meine Cookies nicht gut?
Senden

< Nachrichten **Mama** Details

Junger Mann, du hörst jetzt sofort auf damit!!!

?

Ja, tu so, als wär nichts gewesen!!!

???

Senden

< Nachrichten
Mama
Details
Ich wünsche dir ein schönes Wochenende, mein Schatz, mein kleiner Spatz, herzallerliebstes Putt-Putt-Guzzi-Guzzi!
Ist das nicht ein bisschen dick aufgetragen?
Senden

●●●○○
< Nachrichten
Mama
Details
ICH BIN DAGEGEN!!!
Wogegen?
Weiß ich nicht, aber mir wird schon was einfallen!
?
Senden

●●●●○

< Nachrichten

Mama

Details

Wie kann man eine Nachricht reproduzieren?

Wenn du mit dem Finger auf eine Nachricht drückst, erscheint ein Menü, mit dem du deinen Text kopieren und dann in eine neue Nachricht einfügen kannst. Ausschneiden funktioniert genauso.

Ich habe nichts verstanden.

Dann mach es manuell …

Senden

< Nachrichten
Mama
Details
Charybdis.
Charybdis gibt es nicht, hör auf!
Guck doch nach: Charybdis, das Wort zählt doppelt: 48 Punkte.
Du hängst hinterher, mein Schatz!!!
Du mogelst! MIT DIR SPIEL ICH NIE WIEDER SCRABBLE!
Senden

●●●●○
< Nachrichten
Mama
Details
Du wirst es nicht glauben, aber wir haben Marihuana in Omas Zimmer gefunden!
Was?! Würde im Alter gibt es wohl gar nicht mehr!!!
Und weißt du, dass sie behauptet, du hättest sie damit versorgt?!
Wie unverschämt ist das denn?
Das habe ich ihr auch gesagt, da kannst du Gift drauf nehmen!
Senden

< Nachrichten
Mama
Details
Wusstest du, dass eine Grapfenstrüc-Gesichtsmaske Falten um die Hälfte reduziert?
Nein. Wahnsinn, wozu ein Grapfenstrüc in der Lage ist!
Nur dieser üble Geruch stört …
Das liegt daran, dass du es nicht oft genug melkst.
Glaubst du?
Senden

< Nachrichten
Mama
Details
KÜSTE
Senden

< Nachrichten
Mama
Details
Ich wünsche dir ein schönes Wochenende, mein Schatz!
Auch wenn du es dir noch so oft und so sehr wünschst, bedeutet es nicht, dass es auch gut wird ...
Was kann ich denn dann tun?
Alle guten Wünsche seinlassen, damit ich mich von einem mittelmäßigen Wochenende überraschen lassen kann, ohne dass ich es als enttäuschend empfinden muss.
Senden

< Nachrichten
Mama
Details
Ich mach es morgen.
Du und die Prokrastination, das ist unglaublich!!
Die Prokrasti-was?
Das musst du auf Booble nachgucken?
Das heißt nicht Booble, sondern Google!!! Lol! Verrückt, wie legasthenisch du dich verhältst, sobald es ums Internet geht!
Legasthe-was?
Senden

< Nachrichten
Mama
Details
Zwei Dinge machen mich wahnsinnig: du und die Autokorrektur!
Senden

< Nachrichten **Mama** Details

Hallihallo!

Was hast du denn JETZT wieder aktiviert?

Was?

Du siehst doch selbst, dass die Nachrichten nicht normal aussehen?!

Und warum glaubst du, dass ich es war, die etwas aktiviert hat?

Ach ja, hast recht, ich war's!

Senden

●●●○○
< Nachrichten
Mama
Details
Drei
Ich darf noch mal.
Warum?
Wenn du eine Drei hast, darf ich noch mal. So sind die Regeln.
Du erfindest Regeln, wie es dir gerade passt, das ergibt keinen Sinn!
Stimmt nicht!
Stimmt doch!
Nein, das stimmt nicht!
Senden

< Nachrichten Mama Details

Vertrau mir!

Warum sollte ich dir vertrauen? Ich habe dir beim Weihnachtsmann, bei der Zahnfee, dem Osterhasen und bei Bobo, dem vierten kleinen Schweinchen, vertraut, und du siehst ja, was dabei rausgekommen ist!!! Wenn Eltern ihren Kindern Lügen eintrichtern, brauchen sie sich nachher nicht zu wundern!

Senden

●●●○○
< Nachrichten
Bank
Details
Manchmal habe ich wirklich das Gefühl, du hältst mich für eine Bank!
Aber nein, ganz und gar nicht!
Senden

< Nachrichten
Mama
Details
Ich wünsche dir ein schönes Wochenende, meine liebe Mama!!!
Nein!!! Du warst schneller als ich, das ist ungerecht!
ICH BIN DER KÖNIG DER WELT!!! 😛😵😈
Senden

< Nachrichten **Mama** Details

Ich habe einige Artikel über das Einsetzen eines Magenbandes für Kimberley aufgehoben. Ich dachte, das könnte sie interessieren.

Mama, sie heißt Diane!

Diane, Kimberley ... Ich erinnere mich nur daran, dass es irgendein ordinärer Vorname war. Du musst zugeben, das ist dasselbe in Grün.

Du bist unerträglich.

Senden

< Nachrichten
Mama
Details
Ich liebe Emoticons!
ICH BIN BEI DER ARBEIT, MAMA!!!!!!!!!!!!!!!
Senden

< Nachrichten **Mama** Details

Ich habe ganz vergessen, dir zu erzählen, dass ich Ghislaine neulich getroffen habe. Sie lässt dich grüßen.

Wer ist das?

Woher soll ich das wissen?

?

Senden

< Nachrichten
Mama
Details
Hi!
Wer ist da?
Na, ich!
Wer?
Dein Sohn!
Beweisen Sie es mir!
?
Senden

184

< Nachrichten

Mama

Details

Wie heißt noch mal das Lied von Céline Dion?

Mama, ich hab keine Ahnung, ich hab Céline Dion noch nie gemocht …

Wenn du alle Dinge, die du nicht magst, in eine Reihenfolge bringen müsstest, käme Céline Dion dann vor oder nach Chicorée im Schinkenmantel?

Darüber muss ich erst nachdenken. Das kann ich so spontan nicht sagen …

Senden

< Nachrichten **Mama** Details

Wenn eine Katze ihr Fell verliert, nur noch ächzt, nichts mehr frisst und sich in alle Richtungen windet, ist das ein schlechtes Zeichen?

Ich denke mal, ja?! Ist was mit Grisouille?

Nein, überhaupt nichts, mein Schatz, ich habe nur so gefragt, aus reiner Neugier. Deiner Katze geht es supergut. Grütze und Küste ...

Mama!!!!!!!!!!

Senden

●●●○○
< Nachrichten
Mama
Details
Ich wünsche dir ein schönes Wochenende, mein Schatz!
Hast du mir das Geld überwiesen?
Ja, mir geht es gut, danke der Nachfrage.
Senden

< Nachrichten **Mama** Details

Isst du heute Abend zu Hause?

Ja.

Und hast du vor, Frankensteins Verlobte mitzubringen?

Mama, ich mag sie und wäre dir sehr verbunden, wenn du sie nicht so nennen würdest!

Wärst du mit Moby Dick einverstanden?

Senden

< Nachrichten
Mama
Details
Ich bin pleite, könntest du mir vielleicht aushelfen?
gelesen
Tu jetzt nicht so, als hättest du diese Nachricht nicht gesehen, ich weiß, dass du sie gelesen hast!
gelesen
Mama?
gelesen
MAMA!!!!!
gelesen
Senden

< Nachrichten
Mama
Details
Wie würdest du reagieren, wenn ich dir sagen würde, dass ich schwul bin?
Ich wäre überglücklich! Toll, dass du endlich dazu stehst!
Nein, Mama, ich bin nicht schwul, ich wollte es einfach mal wissen, mehr nicht …
Ich werde es gleich den Nachbarinnen erzählen, ich freue mich so sehr!
Mama, es war nur eine Frage!!!
Senden

< Nachrichten
Mama
Details
Unsere Dialoge haben manchmal was von Ionesco!
Haha, ja, total!!!! ☺☺☺☺
Wer ist Ionesco?
Senden

< Nachrichten
Mama
Details
Was ist das?
Okay, aber was ist das?
Was denn?
?
Senden

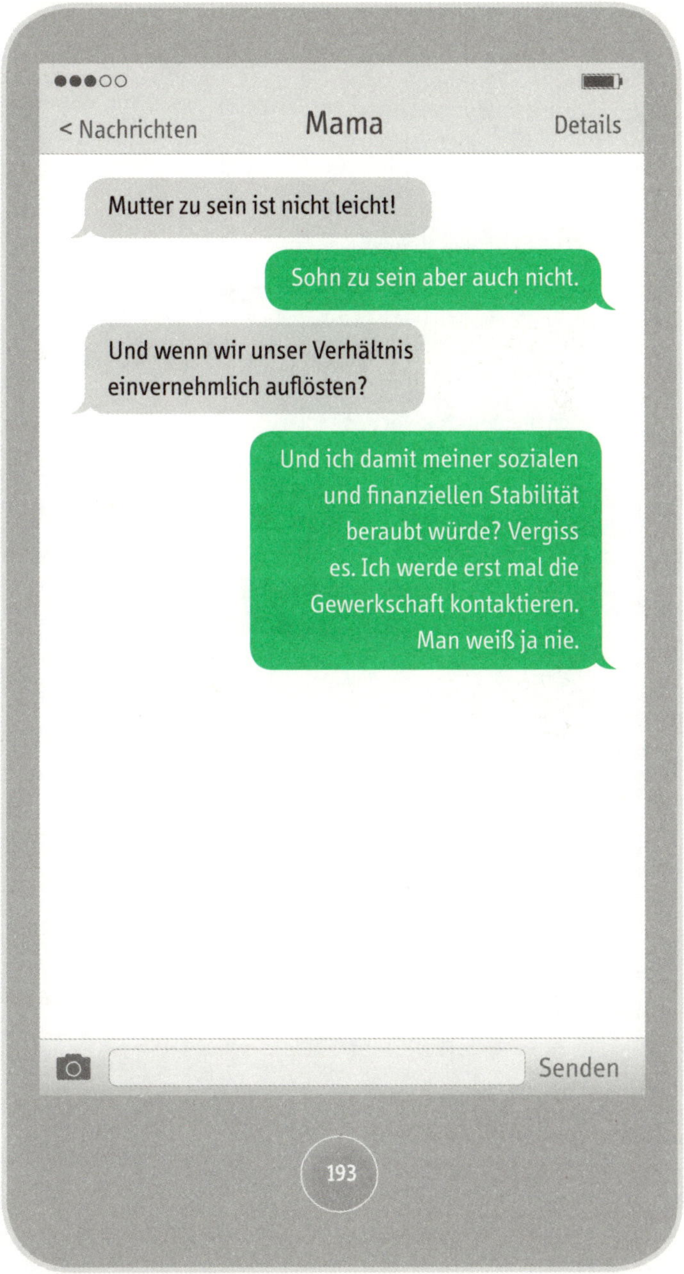
< Nachrichten
Mama
Details
Mutter zu sein ist nicht leicht!
Sohn zu sein aber auch nicht.
Und wenn wir unser Verhältnis einvernehmlich auflösten?
Und ich damit meiner sozialen und finanziellen Stabilität beraubt würde? Vergiss es. Ich werde erst mal die Gewerkschaft kontaktieren. Man weiß ja nie.
Senden

< Nachrichten
Mum
Details
Ich wünsche dir ein schönes Wochenende, Honey!
Ach, sind wir auf einmal polyglott!
Ich habe noch mehr Asse im Ärmel und werde dich noch öfter überraschen, dass du es nur weißt!
Da kann ich mich ja auf was gefasst machen!
Senden

●●●○○
< Nachrichten
Mama
Details
Die Klospülung geht schon wieder nicht …
Ich dachte, dein supertoller Nachbar Boris hätte sie repariert?!
Das war, bevor deine feinfühlige Freundin anfing, die Toilette bei jedem Besuch mit 18 Kilometer Klopapier zu verstopfen!!!
Das war jetzt einer zu viel!
ICH WILL NICHT MEHR, DASS SIE IHRE SITZUNGEN BEI MIR MACHT!!!
Senden

< Nachrichten **Mama** Details

Wie heißt noch mal das Lied von Céline Dion?

Ich schenk dir noch das Gesamtwerk von Céline Dion, wenn du so weitermachst!

Oh, darüber würde ich mich sehr freuen!!!

Zu schade, dass ich gerade knapp bei Kasse bin.

Wenn das ein neuer Trick ist, mir Geld aus den Rippen zu leiern, die Antwort ist immer die gleiche: nein.

Senden

< Nachrichten **Mama** Details

Kennst du die Geschichte von Paf, dem Hund?

Ja, Mama, den Witz kennt jeder …

Nein, den meine ich nicht.

Es geht um einen Hund, der über die Straße läuft, als plötzlich ein Auto kommt und *PAF* der Hund.

Ja, genau den meinte ich. Du, ich bin gerade bei der Arbeit …

Senden

●●●●○
< Nachrichten
Mama
Details
Mutter zu verkaufen, Zustand ordentlich, sehr wenig gebraucht.
Charmant. Wie immer.
Senden

< Nachrichten **Mama** Details

Ich komme und knabbere dir an den Brustwarzen, wenn du weiter so zweideutige Bemerkungen machst. 😍😍😍

O NEIN, MAMA, DIE NACHRICHT EBEN DARFST DU AUF KEINEN FALL LESEN, SIE WAR NICHT FÜR DICH BESTIMMT!!!

Das habe ich mir gedacht. Und keine Sorge, ich will dich nie wieder an meiner Brust haben. Davon bin ich kuriert.

Ich schäme mich zu Tode …

Senden

●●●●○
< Nachrichten
Mama
Details
Wo bist du?
Bei der Arbeit.
Was machst du am Sonntag bei der Arbeit?
Mama, heute ist Freitag!!!
Man kann sagen, was man will, als Rentnerin geht einem jeglicher Orientierungssinn flöten ...
Senden

●●●○○
< Nachrichten
Mama
Details
Ich wünsche dir ein schönes Wochenende, mein Schatz!
Stellst du dir eigentlich jede Woche den Wecker, um daran zu denken?
Als Wecker genügt mir die Liebe, die ich für dich empfinde …
Echt?
Natürlich!
Großes Indianerehrenwort?
Großes Indianerehrenwort …
Senden

< Nachrichten
Mama
Details
Niemand ist so sanftmütig wie eine Mutter.
Grisouille ist sanftmütiger als eine Mutter.
NIEMAND ist so sanftmütig wie eine Mutter.
Senden

< Nachrichten
Mama
Details
Und da hat sie erfahren, dass sie eine Eierstockzyste hat …
Kannst du mir sagen, wie wir auf die Eierstockzyste deiner Nachbarin gekommen sind, obwohl ich dich doch nur darum bitten wollte, mir Geld zu schicken?
Senden

●●●●○

< Nachrichten

Mama

Details

Trotzdem schade, dass deine Freundin Svetlana ihre Karriere als ukrainische Catcherin nicht weiterverfolgt …

Sie heißt Diane und ist nie ukrainische Catcherin gewesen.

Das behauptet sie wahrscheinlich, doch ihr Körper verrät sie …

SIE IST NIE EINE UKRAINISCHE CATCHERIN GEWESEN!!!

Senden

●●●○○
< Nachrichten
Mama
Details
Wo bist du?
Auf dem Bahnsteig, ich winke!
Ich seh dich nicht …
Bist du dir sicher, dass du auf dem richtigen Bahnhof bist, Mama?
Halt mich nur für total bescheuert!
Warte mal, warum schreibst du Bahnhof?
Senden

< Nachrichten **Mama** Details

Ich habe das Gefühl, meinen Platz in der Welt noch nicht gefunden zu haben …

Es braucht eben seine Zeit, bis man wirklich erwachsen geworden ist.

Manchmal ergibt nichts einen Sinn.

Du wirst merken, dass sich das auch mit dem Alter nicht unbedingt ändert!

Senden

●●●○○

< Nachrichten **Mama** Details

Darauf kommst du nie! Im Bus habe ich Jean-Pierre Foucault getroffen!!!!

Allerdings habe ich später festgestellt, dass es gar nicht Jean-Pierre Foucault war …

Und dann bin ich wie jeden Tag an meiner Haltestelle ausgestiegen.

Ich liebe es, wenn meine alltägliche Routine von unvorhergesehenen Ereignissen auf den Kopf gestellt wird. Liebe Grütze.

Grüße.

Senden

●●●●○

< Nachrichten **Mama** Details

Ich wünsche dir ein schönes Wochenende, mein Schatz!

Ein ganz und gar unschönes Wochenende hingegen wünsche ich der Frau, die ihr Leben mit dir teilt, indem sie sich eigenmächtig zu deiner Freundin ernannt hat, und die dich, dessen bin ich mir sicher, nur ausnutzen will.

Aber trotzdem liebe Grütze.

Senden

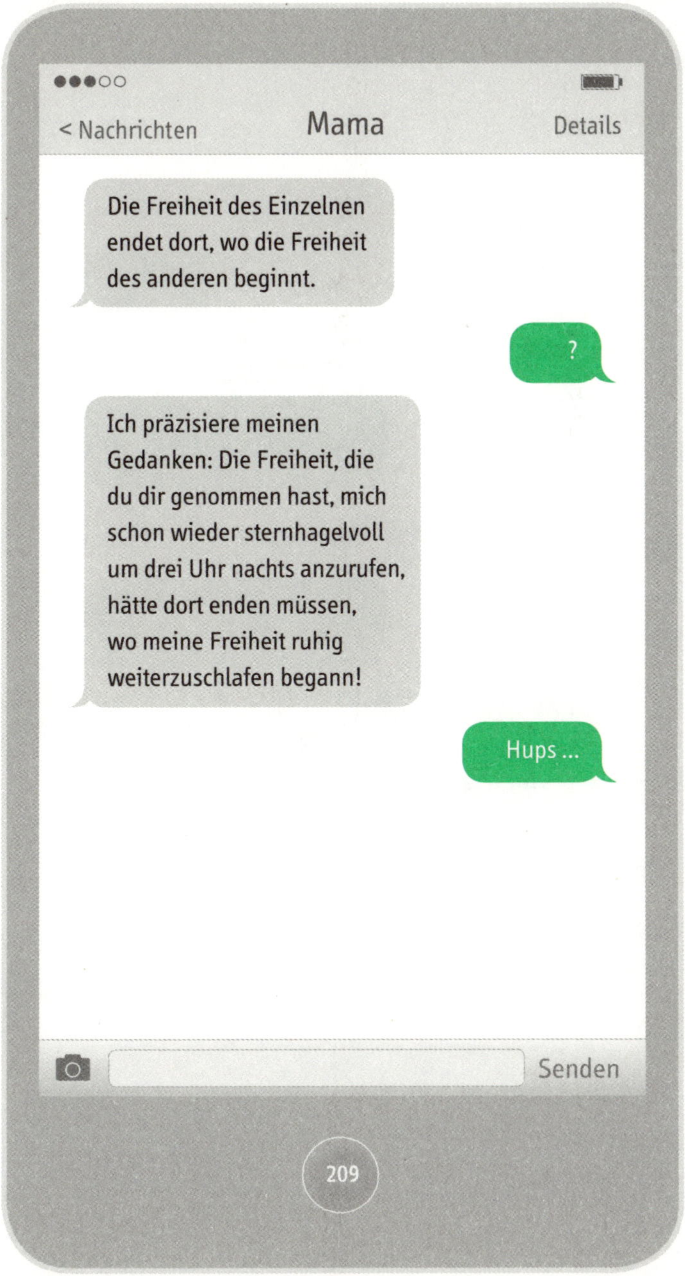
●●●○○
< Nachrichten
Mama
Details
Die Freiheit des Einzelnen endet dort, wo die Freiheit des anderen beginnt.
?
Ich präzisiere meinen Gedanken: Die Freiheit, die du dir genommen hast, mich schon wieder sternhagelvoll um drei Uhr nachts anzurufen, hätte dort enden müssen, wo meine Freiheit ruhig weiterzuschlafen begann!
Hups …
Senden

< Nachrichten
Mama
Details
Was machst du gerade?
Etwas.
Was denn für ein Etwas?
Etwas, worüber man nicht redet.
Nicht mal mit seiner Mutter?
Schon gar nicht mit seiner Mutter.
HÖR SOFORT AUF MIT DIESEM ETWAS, WORÜBER DU NICHT EINMAL MIT DEINER MUTTER REDEN KANNST!!!!
Senden

●●●○○
< Nachrichten
Mama
Details
Ich bin froh, dass ich auf dich zählen kann.
Also liebst du mich nicht …
Wie kommst du denn darauf?
Wenn man liebt, zählt man nicht …
Schon, aber umgekehrt bedeutet es nicht, dass man jemanden, auf den man zählen kann, nicht liebt.
Dass man sich liebt, ist alles, was zählt.
Hmm …
Senden

< Nachrichten
Mama
Details
Heute ist ein Päckchen für dich angekommen.
Hast du es geöffnet?
Ja.
Und?
Es war gar nicht für dich.
?
Senden

●●●○○
< Nachrichten
Mama
Details
Zönen guten Tag, mein Zatz.
Was ist denn mit dir los?
Nichts Zlimmes, nur zreckliche Zzzahnzerzen ... Liebe Grützzze.
Senden

< Nachrichten **Mama** Details

Wo bist du? Ich versuche schon seit zwei Tagen vergeblich, dich zu erreichen!

Ich habe dir zwar nichts zu sagen, aber trotzdem!!!

Senden

< Nachrichten
Mama
Details
Ich wünsche dir ein schönes Wochenende, mein Schatz, und mein Nachbar Boris ebenfalls!
Soll das ein Witz sein? Ist hier irgendwo eine versteckte Kamera? Soll ich vielleicht auch noch Papa anrufen?
Sei nicht fieser, als du bist …
Was für ein Albtraum …
Senden

< Nachrichten Mama Details

Kannst du mir die Fotos von Diane schicken, die du am letzten Wochenende gemacht hast?

Sehr komisch, Mama ...

Senden

< Nachrichten **Mama** Details

Wie heißt noch mal das Lied von Céline Dion?

Etwas genauer vielleicht?

Es geht: «Ei gett winkst du flei, I'm alive. Tschim Bumm Tschim Bumm. Ei gett winkst du flei, I'm alive yeah yeah yeah.»

I'm Alive ...

Ja, genau, I'm Alive, den Titel habe ich gesucht. Vielen Dank, mein Schatz.

Senden

< Nachrichten
Details
Ich wünsche dir ein schönes Wochenende, mein Schatz!
Senden
Q W E R T Z U I O P Ü
A S D F G H J K L Ö Ä
Y X C V B N M
123
Leerzeichen
Return

< Nachrichten
Mama
Details
Kiciffy
Oma?
Jacht ciciviovio
Nein, ich will nichts mehr mit dir zu tun haben, nach dem, was du mir angetan hast. Das ist Hochverrat.
Gigo parette foufi.
Nicht alles lässt sich mit dem Alter entschuldigen, Oma.
Rotzbengel.
Deine letzte Nachricht habe ich nicht verstanden, Oma.
Senden

< Nachrichten
Mama
Details
Ich finde das Grapfenstrüc nicht mehr …
Wo hast du es gelassen?
Wenn ich es wüsste, würde ich es nicht suchen …
Da ist was dran.
Hast du versucht, es mit jungfräulichem Blut anzulocken?
Soll das ein Witz sein?
Nein, das ist ein Grapfenstrüc …
Senden

●●●○○
< Nachrichten
Mama
Details
Wann kommst du?
Oh, Montag, Dienstag, Mittwoch ... jeder Tag?
Wie bitte?
In den nächsten Ferien ...
Senden

< Nachrichten
Mama
Details
Ich wünsche dir ein Super-Wochenende, mein Schatz!
Sieh an, das ist ja mal eine neue Variante! Mit Bindestrich!
Ja, smartphonetechnisch lerne ich jeden Tag dazu!!!
Wenn du mal mit jemand anderem üben würdest, wäre das für mich – smartphonetechnisch – wie Urlaub …
Senden

●●●○○
< Nachrichten
Mama
Details
Schläfst du?
NATÜRLICH SCHLAFE ICH, es ist 4 Uhr morgens! Was hat dich geritten, mir um diese Uhrzeit eine SMS zu schicken?
Bei mir ist jemand eingebrochen, ich glaube, er ist hinter mir her.
O Gott, Mama!
War ein Scherz, ich wollte mich nur für deine Anrufe im volltrunkenen Zustand rächen. 😛
Senden

< Nachrichten
Mama
Details
Bitte!
Nein!
Bitte!
Ich habe nein gesagt!
Bitte!
Wenn ich ja sage, hörst du dann auf?
Nein.
Bitte!
Nein.
Bitte!
Senden

●●●○○
< Nachrichten
M♥m♥
Details
Du brauchst Geld, stimmt's?
Warum fragst du mich das?
Glaubst du, ich hätte die kleinen Herzen da oben nicht gesehen? ↑↑↑
Woher weißt du das!?
Eine Mutter weiß alles.
Eine Mutter sieht alles.
Senden

< Nachrichten **Mama** Details

Ich habe heute Mittag Melone in Portwein gemacht.

Allerdings hatte ich keine Melone mehr.

Deshalb habe ich einfach den Portwein getrunken.

Ohne Melone.

Hihi.

Hihi.

Hihi.

Hihi.

Senden

< Nachrichten
Mama
Details
Mach die Augen auf, Neo.
Was?
Du bist auserwählt!
Wie, ich bin auserwählt?????
Du bist schon viel zu lange in der Matrix eingeschlossen!
Du musst darauf reagieren!
Aber ich bin darauf doch gar nicht vorbereitet! Und wo ist meine Mama?
Senden

●●●●○

< Nachrichten **Mama** Details

Wenn der Spatz in der Hand besser ist als die Taube auf dem Dach, was kann dann mehr wert sein als ein Spatz in der Hand?

Eine abgerichtete Elster vielleicht?

Da ist was dran.

Senden

●●●○○
< Nachrichten
Mama
Details
Ich wünsche dir ein schönes Wochenende, mein Schatz.
Wünsch ich mir auch!
Senden

< Nachrichten
Mama
Details
Heute ein König.
Senden
230

< Nachrichten **Mama** Details

Stups

Wie Stups?

Ich stupse dich an, wie auf Facebook! ☺

Nur dass wir nicht auf Facebook sind, und du mich hier sicher nicht weiter anstupst.

Warum musst du mir selbst die kleinsten Freuden kaputt machen?

Senden

< Nachrichten
Mama
Details
Ich bin total abgebrannt, kannst du mir helfen?
Soll ich die Feuerwehr rufen?
Senden

< Nachrichten
Mama
Details
Du schickst mir eine SMS, wenn du angekommen bist, ja?
Bist du gut nach Hause gekommen?
Habe noch immer nichts gehört, bist du angekommen?
Du könntest wenigstens kurz Bescheid sagen.
Wo bist du???
Ich mache mir Sorgen. Ist dir was passiert?
Gut, ich rufe jetzt die Polizei an …
Senden

●●●●○
< Nachrichten
Mama
Details
Sag mal «Klettergerüst»!
Nein, Mama, bitte nicht!
Nun mach schon, sag «Klettergerüst»!!!
Klettergerüst.
Du hast ’ne alte Frau geküsst!!!
Mama, du bist unmöglich …
Was ist?
Senden

< Nachrichten
Mama
Details
Eins – zwei – drei
OCHS AM BERG!!!
Du hast dich bewegt!!!
Hab ich nicht!
Doch, hast du!
Nein, hab ich nicht!
Doch, hast du!
Nein, hab ich nicht!
Doch, hast du!
Senden

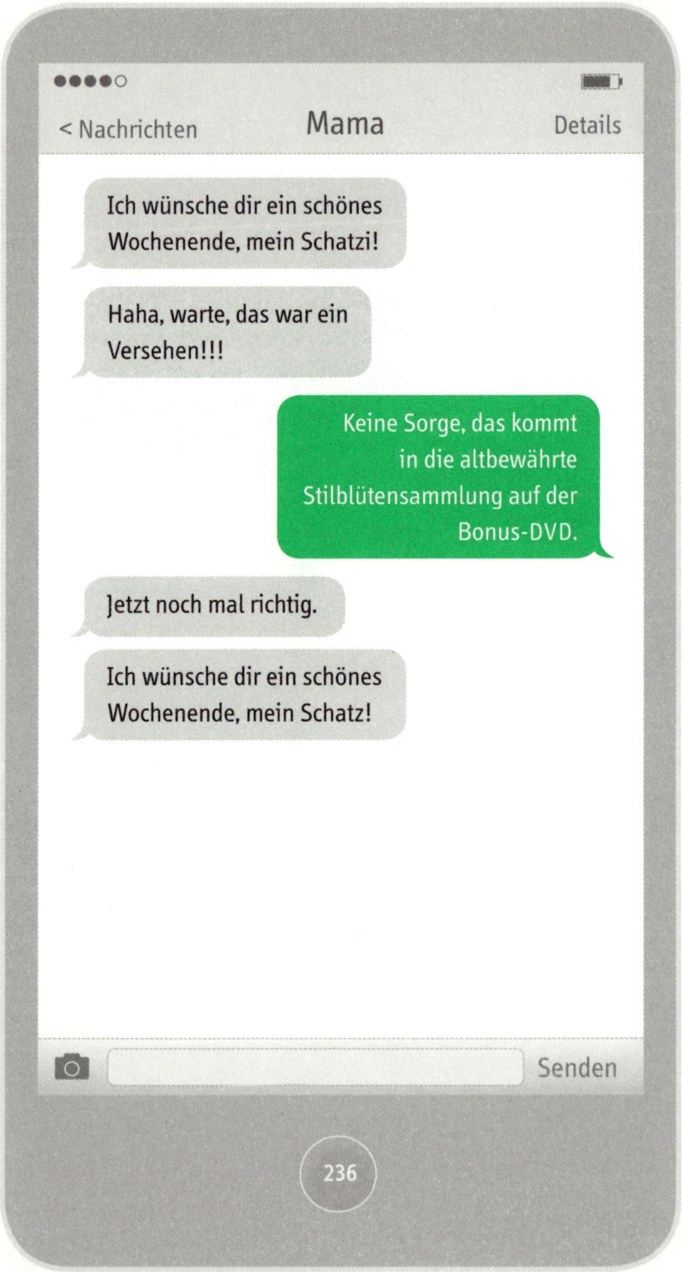
●●●●○
< Nachrichten
Mama
Details
Ich wünsche dir ein schönes Wochenende, mein Schatzi!
Haha, warte, das war ein Versehen!!!
Keine Sorge, das kommt in die altbewährte Stilblütensammlung auf der Bonus-DVD.
Jetzt noch mal richtig.
Ich wünsche dir ein schönes Wochenende, mein Schatz!
Senden

< Nachrichten **Mama** Details

Stimmt es, dass Katzen neun Leben haben?

Warum fragst du mich das?

O nein, LASS GRISOUILLE IN RUHE!!!

Senden

< Nachrichten
Mama
Details
]dznojnjocn o in
Oma, bist du's?
]acht! Mendi en dii]odo popo gugu
Hör auf, die Verkalkte zu spielen, das zieht nicht mehr!
Scheiß auf Autoritäten!
Wie bitte?
No future!!!
Senden

●●●○○
< Nachrichten
Mama
Details
Wo bist du?
Ich kann dich nicht erreichen, wo bist du?
Du könntest mir wenigstens antworten, Schatz!!!!
Schatz!!!
Dein Humor gefällt mir wirklich überhaupt nicht …
Senden

< Nachrichten
Mama
Details
Ich habe es durchschaut: Du bist schwul, und Gertrude ist die Tarnung, mit der du deine Homosexualität versteckst.
1. Ich bin nicht schwul, und 2. Sie heißt Diane!
Alles hätte so viel leichter sein können, wenn du nur schwul wärst.
Ich wäre so glücklich gewesen.
ICH BIN NICHT SCHWUL!!!!
Senden

●●●○○
< Nachrichten
Mama
Details
Manchmal genügt ein Anruf, um einen anderen Menschen glücklich zu machen.
Vergiss es!
Senden

< Nachrichten
Mama
Details
Test. Test. Test. Test.
Test. Test. Test.
Test.
Test. Test. Test. Test. Test. Test. Test. Test.
Test. Test. Test. Test. Test. Test. Test. Test. Test. Test. Test. Test. Test. Test. Test. Test.
BIST DU BALD MAL FERTIG???
Ich mache einen Test.
Test.
Senden

< Nachrichten
Mutter
Details
17. Juli 1851
Ich wünsche dir ein schönes Wochenende, mein Schatz!
Senden

< Nachrichten
Mama
Details
So redest du nicht mit mir!!! Immerhin bin ich deine Mutter!!!
??? Ich habe überhaupt nichts gesagt!!!
Ja, aber es hätte gut sein können. Das war vorsorglich.
Senden

●●●○○

< Nachrichten **Mama** Details

Mutter wurde nicht richtig beendet. Um sie wieder herzustellen, wählen Sie eine der folgenden Optionen im abgesicherten Modus aus:

- Abgesicherter Modus
- Abgesicherter Modus mit Netzwerktreibern
- Abgesicherter Modus mit Eingabeaufforderung
- Mutter normal starten.

Senden

< Nachrichten
Mama
Details
Hi, es ist dir doch recht, wenn ich heute Mittag mit Diane zum Essen vorbeikomme?
Kein Problem, ich werde für fünf kochen.
Es kommen aber nur Diane und ich.
Genau deshalb. Liebe Grütze.
Senden

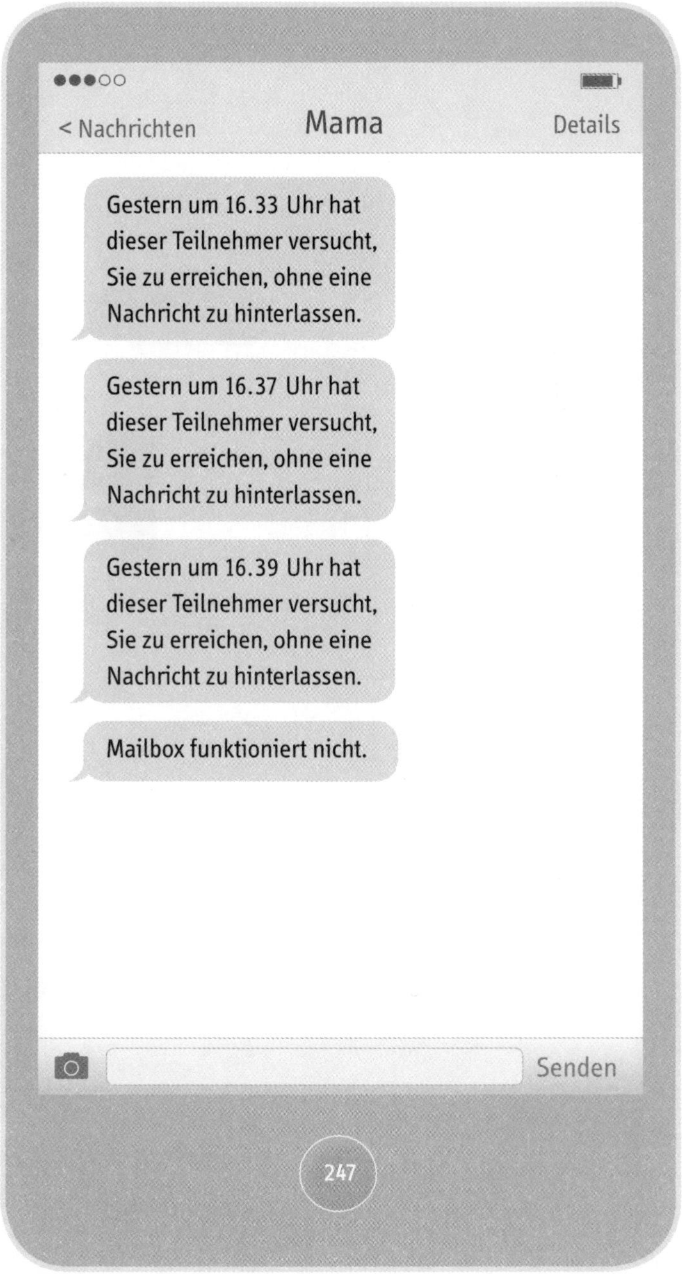
< Nachrichten
Mama
Details
Gestern um 16.33 Uhr hat dieser Teilnehmer versucht, Sie zu erreichen, ohne eine Nachricht zu hinterlassen.
Gestern um 16.37 Uhr hat dieser Teilnehmer versucht, Sie zu erreichen, ohne eine Nachricht zu hinterlassen.
Gestern um 16.39 Uhr hat dieser Teilnehmer versucht, Sie zu erreichen, ohne eine Nachricht zu hinterlassen.
Mailbox funktioniert nicht.
Senden

●●●●○
< Nachrichten
Mama
Details
Darf ich dir eine Frage stellen, mein Schatz?
Sicher doch.
Danke.
?
?
Senden

●●●○○
< Nachrichten
Mama
Details
Sarah Connor?
Nein, warum?
Senden

●●●○○
< Nachrichten
Mama
Details
Ich wünsche dir ein schönes Wochenende, mein Schatz!
Schönen Dank Scheiss
Senden
Q W E R T Z U I O P Ü
A S D F G H J K L Ö Ä
Y X C V B N M
123
Leerzeichen
Return

< Nachrichten
Mama
Details
DER SOHN – Was ist denn das für ein Geräusch in deinem Schrank?
DIE MUTTER – Ich höre nichts, mein Sohn!
DER SOHN – Zur Sicherheit mach ich trotzdem mal auf …
DIE MUTTER – Ach du lieber Himmel, das ist ja mein NACHBAR BORIS!!!
DER SOHN – Welch Schande!!!
DIE MUTTER – Das versteh ich nicht! Eben war er noch nicht da, Ehrenwort!
Senden
251

< Nachrichten **Mama** Details

Es ist Monatsende, und es wird ein bisschen eng … Könntest du mir vielleicht aushelfen? Ich zahle es dir auch so schnell wie möglich zurück.

Was???? Eltern sollten ihre Kinder niemals um Geld bitten! Das ist wider die Natur!!!

Was wider die Natur ist, ist deine Boshaftigkeit, mein Schatz …

Senden

●●●○○
< Nachrichten
Mama
Details
Kikoo!
Was haben wir für Kikoo vereinbart?
Oh, entschuldige ...
Verurteile mich nicht!!!
Senden

< Nachrichten **Mama** Details

Du bist über das Alter hinaus, in dem du einen neuen Mann in deinem Leben brauchst.

Ich mein ja nur.

Spar dir deine Meinung …

Senden

< Nachrichten
Mama
Details
Ich finde die Akzente nicht mehr.
Hast du unter dem Bett nachgesehen?
Sehr komisch …
Senden

< Nachrichten **Mama** Details

Alle meine Freundinnen haben mindestens einen schwulen Sohn, warum ist mir keiner vergönnt?

Fängst du schon wieder damit an!

Aber was habe ich in deiner Erziehung bloß falsch gemacht, dass du nicht schwul bist wie die anderen Kinder???

Senden

< Nachrichten **Mama** Details

Gut Tee nackt, Main schads!

O Kotz! Vieh der hatschi sagte viert!

Vieh Krieg Gicht As Haus? Sarg schmier!!!

Jeder hat sein Kreuz zu tragen, Mama ☺☺☺.
Jeder sein Kreuz …

Senden

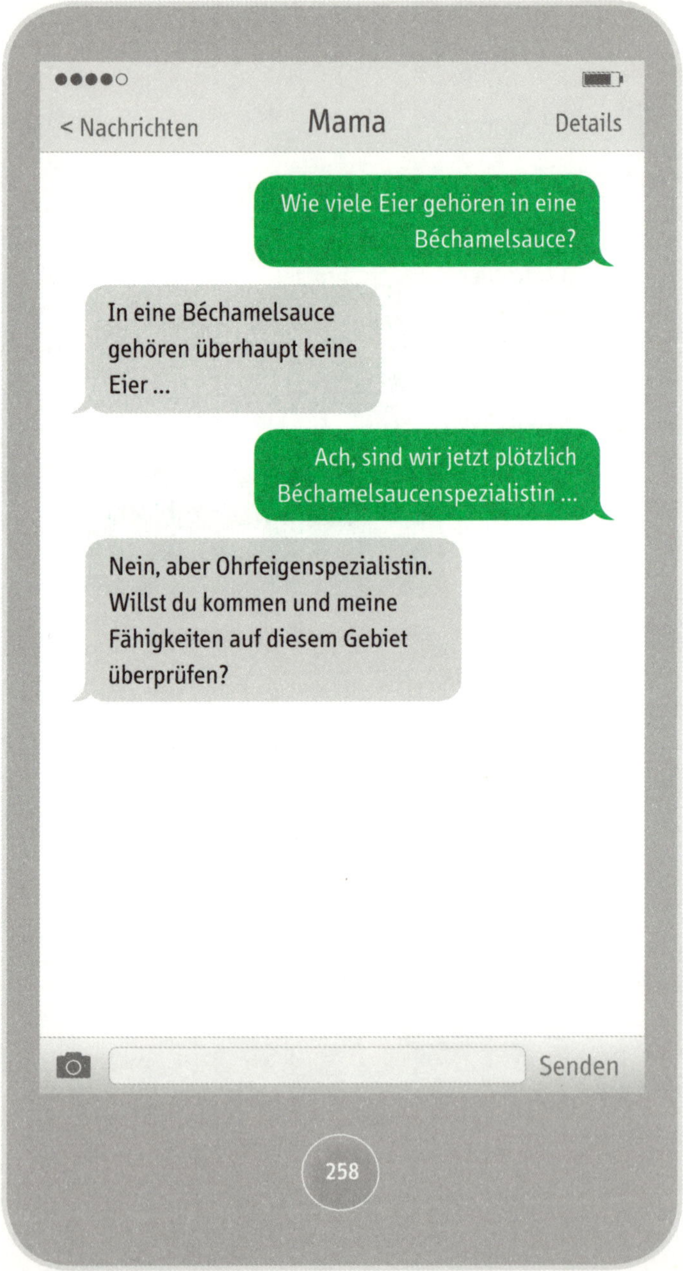
●●●●○
< Nachrichten
Mama
Details
Wie viele Eier gehören in eine Béchamelsauce?
In eine Béchamelsauce gehören überhaupt keine Eier ...
Ach, sind wir jetzt plötzlich Béchamelsaucenspezialistin ...
Nein, aber Ohrfeigenspezialistin. Willst du kommen und meine Fähigkeiten auf diesem Gebiet überprüfen?
Senden

●●●○○
< Nachrichten
Mama
Details
Das Grapfenstrüc hat Grisouille gebissen. Soll ich etwas tun?
Ja, das Gift muss innerhalb von drei Stunden raus aus dem Körper.
Das Himbeergift?
Ja, das Himbeergift.
Alles klar.
Senden

< Nachrichten
Mama
Details
Darling?
Darling?
Ja, ich bin hier!
Senden

< Nachrichten **Mama** Details

Du wirst sehen, das ist ein super Film. Und man kommt nie darauf, dass der Held von Anfang an tot und nur ein Phantom ist, das glaubt, noch am Leben zu sein …

Senden

< Nachrichten

Mama

Details

WENN DAS SO IST, STREICH ICH DIR DEN UNTERHALT!

Aber, Mama, ich bin doch schon lange selbständig!

Haha! Der ist gut!

Das muss ich unbedingt meinen Nachbarinnen erzählen, haha!

Ich krieg mich gar nicht mehr ein!

Senden

< Nachrichten
Mama
Details
Ich habe ein Couscousgericht zu Mittag gemacht.
Lecker!!!!
Allerdings hatte ich weder Fleisch noch Speiserüben, noch Couscousgrieß, deshalb habe ich einfach Auberginen und ein bisschen Knoblauch dazugegeben.
Also hast du letztendlich gar kein Couscousgericht, sondern eine Art Ratatouille gemacht ...
Genau.
Senden

< Nachrichten Mama Details

Ich wünsche dir ein schönes Wochenende, mein Schatz-z-z-z!

Bist du in einer Höhle oder so?

Nein, warum-um-um-um?

Wegen des Echos ...

Das ist, weil ich im Keller bin-bin-bin-bin.

Liebe Grütze-ze-ze-ze.

Senden

< Nachrichten
Mama
Details
Überweist du mir Geld?
Du könntest wenigstens ein bisschen freundlicher fragen!!!
Liebe Mama, – bla, bla, bla – im Moment, bei der derzeitigen Konjunktur – bla, bla, bla – und der Wirtschaftskrise – bla, bla, bla – wird es immer schwieriger – bla, bla, bla – auf dem Rücken dieser Generation – bla, bla, bla – und die Kosten steigen immer weiter – bla, bla, bla – überweist du mir Geld?
Senden

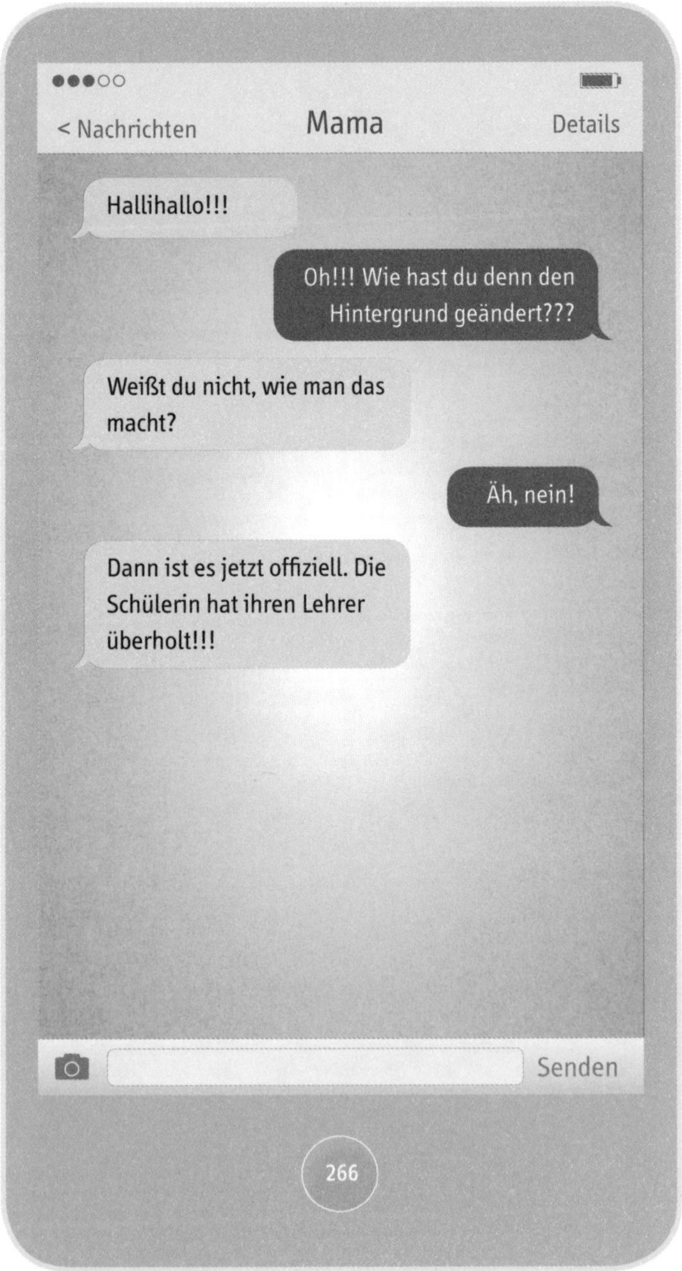
●●●○○
< Nachrichten
Mama
Details
Hallihallo!!!
Oh!!! Wie hast du denn den Hintergrund geändert???
Weißt du nicht, wie man das macht?
Äh, nein!
Dann ist es jetzt offiziell. Die Schülerin hat ihren Lehrer überholt!!!
Senden

< Nachrichten
Mama
Details
+ C
+ V
Darf man erfahren, was du da tust?
Ich mache eigenständig «Copy and Paste», weil mir niemand erklären wollte, wie man eine Nachricht reproduziert!
Senden

< Nachrichten
Mama
Details
Ich habe besagte Ghislaine noch mal getroffen. Sie lässt dich wieder grüßen.
Hast du sie gefragt, woher ich sie kenne?
Sie hat gemeint, das wüsstest du.
Dann sind wir ja jetzt sehr viel weiter …
Senden

●●●○○

< Nachrichten **Mama** Details

Die dritte Thrombose innerhalb von eineinhalb Monaten. Bald komme ich ins Buch der Rekorde!

Bringt so ein Rekord Geld?

Versuchst du, Kapital aus meinem Gesundheitszustand zu schlagen?

Überhaupt nicht.

Du hast noch nicht auf meine Frage geantwortet …

Senden

< Nachrichten
Mama
Details
Haha!!!
Hihi!!!
Pah!!!
Ho, ho!!!
Oh, là, là!!!
He, he!!!
Grunz, grunz!!!
Tst, tst!!!
Bis morgen, mein Schatz.
Bis morgen, Mama.
Senden

< Nachrichten
Mama
Details
ICH WÜNSCHE DIR EIN SCHÖNES WOCHENENDE, MEIN SCHATZ!!!
Du brauchst nicht zu brüllen, Mama.
Oh, entschuldige.
Ich wünsche dir ein schönes Wochenende, mein Schatz!
Danke.
Senden

< Nachrichten
Mama
Details
Endlich Sonne!!!
Man braucht doch keine Sonne, wenn man eine Mutter hat!!!
Brauchst du Geld?
Nein!
Aber jetzt, da du es erwähnst ...
Senden

●●●○○
< Nachrichten
Mama
Details
Gxggffg kekkfb mil!
Hallo, Oma!
Hdjfjjx poirsuh.
Nein, ich weiß nicht, wie man Crystal Meth synthetisiert …
]fkfidsleldl
Nein, ich werde mich nicht informieren …
Souk pupu?
Wie? Du enterbst mich???
Senden

< Nachrichten

Mama

Details

Was machst du gerade?

Ich bin bei der Arbeit, Mama ...

Du bist viel bei der Arbeit!

Während der Bürozeiten schon.

Und jetzt sind Bürozeiten?

Langweilst du dich, oder ist das ein Scherz?

Nein, nein.

Ein bisschen vielleicht.

Senden

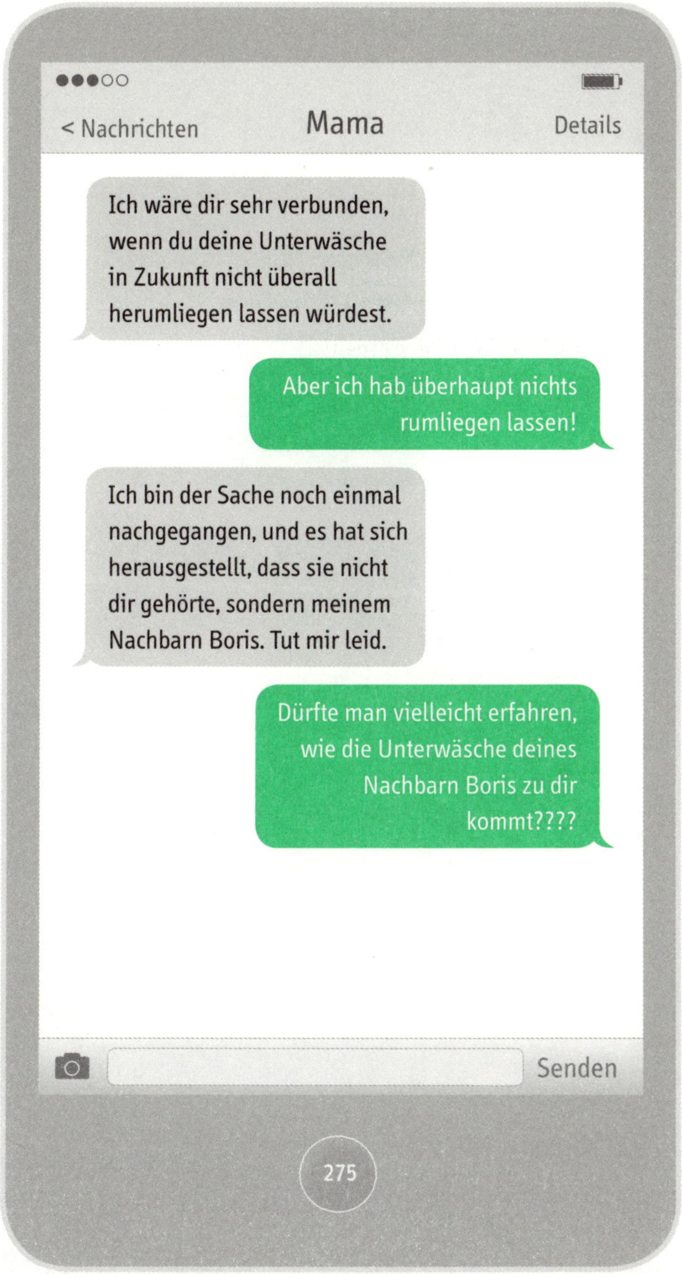
●●●○○
< Nachrichten
Mama
Details
Ich wäre dir sehr verbunden, wenn du deine Unterwäsche in Zukunft nicht überall herumliegen lassen würdest.
Aber ich hab überhaupt nichts rumliegen lassen!
Ich bin der Sache noch einmal nachgegangen, und es hat sich herausgestellt, dass sie nicht dir gehörte, sondern meinem Nachbarn Boris. Tut mir leid.
Dürfte man vielleicht erfahren, wie die Unterwäsche deines Nachbarn Boris zu dir kommt????
Senden

●●●●○
< Nachrichten
Mama
Details
Herzlichen Glückwunsch zum Geburtstag!!!!
Der war gestern …
Na ja, so hast du den Beweis, dass ich jeden Tag an dich denke. ♥♥
Wirklich? Das ist aber lieb, mein Schatz!!!
Warte mal kurz …
Fast wäre ich darauf reingefallen.
Der war gestern …
Senden

< Nachrichten
Mama
Details
Stellen Sie Ihre Frage, werte Mutter.
Kann das Grapfenstrüc auch im Wasser agieren?
Ja, warum?
Wegen der Katze ...
Zum letzten Mal, Mama: LASS GRISOUILLE IN RUHE!!!!
Senden

●●●●○
< Nachrichten
Mama
Details
Ich wünsche dir ein schönes Wochenende, mein Schatz!
Ist die Überweisung angekommen?
Nein, überweis es lieber noch mal, um sicherzugehen ...
Guter Versuch, aber sicher nicht.
Mist. Fast.
Senden

●●●○○
< Nachrichten
Mama
Details
Du bist eindeutig schwul.
O nein, das darf nicht wahr sein …
Wenn ich mir deine derzeitige Freundin ansehe, musst du schwul sein. Sonst würde es bedeuten, dass du überhaupt keinen Geschmack hast …
Und ein Sohn ohne Geschmack, das wäre für mich unerträglich.
Senden

●●●●○
< Nachrichten
Mama
Details
Ich bin pleite, kannst du mir was vorstrecken?
Zugestellt
Mama?
Nervt es Sie nicht, ständig auf Almosen angewiesen zu sein?
Was ist das?
Immer nur fordern und fordern. Und Sie? Was geben Sie dafür?
Mama, dein Telefon spricht mit mir!!!
Petze ...
Ich will mit meiner Mutter reden!!!
Bla, bla, bla
Senden

●●●○○

< Nachrichten **Mama** Details

Ich habe das Dings wieder in den kleinen Topf getan, damit er besser auf der Plattform steht, die an die Garage meiner Nachbarin grenzt, weil der andere poröser und damit weniger dicht war und von daher nicht so gut stand. Liebe Grütze.

Super.

Ich habe nichts verstanden, aber trotzdem super!

Senden

< Nachrichten
Mama
Details
Ich freue mich, dass deine Freundin meinen Nachbarn Boris mag.
Wie kommst du darauf?
Ich finde es süß, dass sie jeden Abend kommt, um ihm Nachhilfe am Computer zu geben.
Aber das kann nicht sein, sie geht jeden Abend zum Salsakurs!!!
O nein!
O nein!
Senden

●●●○○
< Nachrichten
Mama
Details
Ich habe meine erste Tarte Tatin gebacken und bin superstolz!
Wirst du es dir in den Lebenslauf schreiben?
Besondere Fähigkeiten: Ich kann Tarte Tatin backen?
Echt Wahnsinn!
Auf die lange Liste grausamer Mütter setze ich dich an erste Stelle, mit weitem Abstand ...
Senden

< Nachrichten **Mama** Details

Du musst aber zugeben, dass diese Geschichte mit den Ewoks schon ziemlich gaga ist, oder?

Du verstehst gar nichts, die Ewoks muss man genauso symbolisch sehen, wie Davids Kampf gegen Goliath, eine Metapher für das ökologische Gewissen.

UND JETZT HÖR ENDLICH AUF, AUF STAR WARS RUMZUHACKEN!

Senden

< Nachrichten
Mama
Details
Ich wünsche dir ein schönes Wochenende, mein Schatz!
Ich bin direkt neben dir, Mama …
Deshalb ist es ja so komisch!!!
Senden

●●●●○

< Nachrichten **Mama** Details

Oma raucht Marihuana, deine übergewichtige Freundin führt eine perverse Beziehung mit meinem wundervollen Nachbarn Boris, und was kommt als Nächstes? Die Katze eröffnet eine Agentur für Callgirls?

Manchmal habe ich das Gefühl, wir sind schlecht geschriebene Figuren einer Tragikomödie, die noch dazu total falsch interpretiert wurde …

Senden

●●●○○

< Nachrichten **Mama** Details

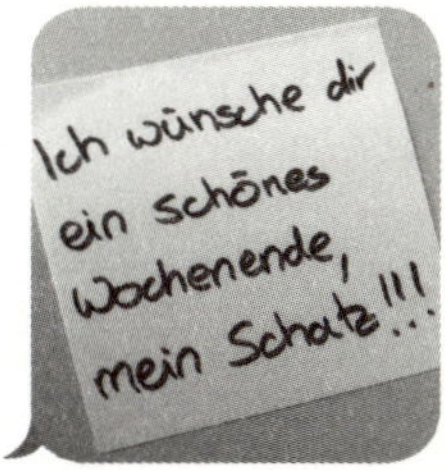

Danke, Mama! Das ist ja mal eine originelle Idee!

Haha!!!

Senden

< Nachrichten
Mama
Details
I'm with stupid! ↘
?
Senden

< Nachrichten **Mama** Details

Bist du nie auf den Gedanken gekommen, dich an Gabriella zu rächen für das, was sie dir angetan hat?

Sie heißt Diane, Mama, und nein, ich finde Racheaktionen armselig.

Ich für meinen Teil denke nämlich oft darüber nach, mich an meinem Nachbarn Boris zu rächen …

Das ist übel. Na ja, ich habe schon in ihre Reinigungslotion gepinkelt, bevor sie ihre Sachen abholen kommt, aber dabei von Rache zu sprechen …

Senden

< Nachrichten **Mama** Details

Ich habe schlechte Nachrichten: Oma ist gestorben.

Ist sie so tot wie beim letzten Mal, oder ist sie wirklich tot?

Nein, sie ist wirklich tot-tot.

Wenn das wieder einer deiner blöden Witze ist ...

Das ist nicht einer meiner Witze ... die im Übrigen überhaupt nicht blöd sind, du bist ungerecht.

Senden

< Nachrichten
FEHLER 404
Details
Info Mama: Ihr mobiles Muttervolumen ist fast aufgebraucht. Ihnen bleiben nur noch 25 MB, bevor Ihre monatliche Pauschale zurückgesetzt wird.
Dich um Geld zu bitten, hat wohl im Moment keinen Zweck, oder?
Senden

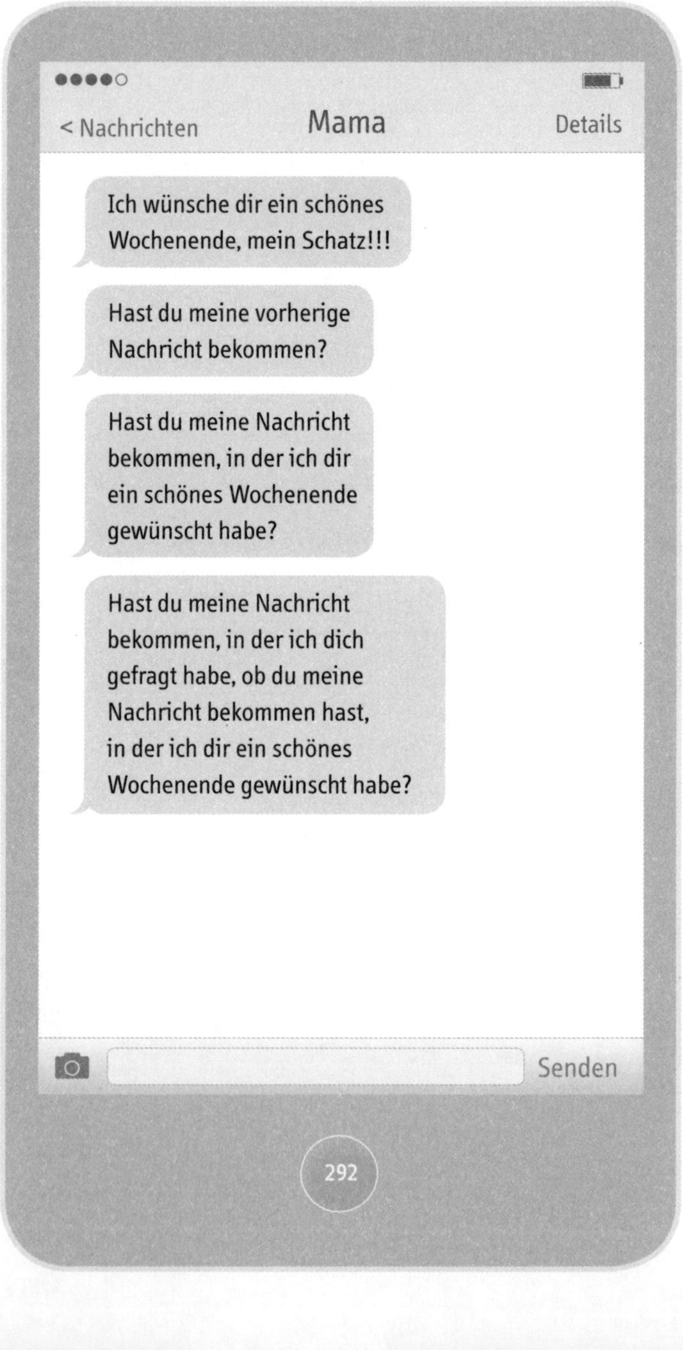
< Nachrichten
Mama
Details
Ich wünsche dir ein schönes Wochenende, mein Schatz!!!
Hast du meine vorherige Nachricht bekommen?
Hast du meine Nachricht bekommen, in der ich dir ein schönes Wochenende gewünscht habe?
Hast du meine Nachricht bekommen, in der ich dich gefragt habe, ob du meine Nachricht bekommen hast, in der ich dir ein schönes Wochenende gewünscht habe?
Senden

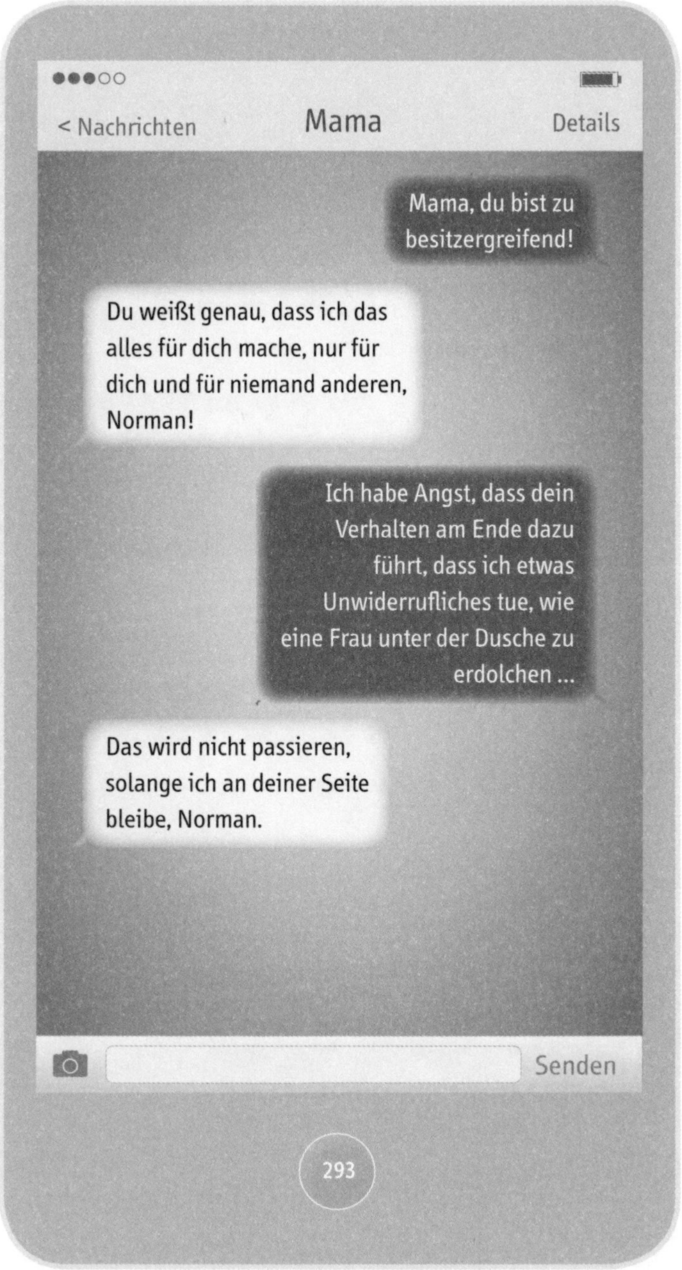
●●●○○
< Nachrichten
Mama
Details
Mama, du bist zu besitzergreifend!
Du weißt genau, dass ich das alles für dich mache, nur für dich und für niemand anderen, Norman!
Ich habe Angst, dass dein Verhalten am Ende dazu führt, dass ich etwas Unwiderrufliches tue, wie eine Frau unter der Dusche zu erdolchen …
Das wird nicht passieren, solange ich an deiner Seite bleibe, Norman.
Senden

< Nachrichten
Mama
Details
Es ist so weit, ich bin offiziell wieder Junggeselle …
Man bekommt im Leben nur, was man verdient …
Erinnere mich daran, dass ich mich nie mehr an dich wende, wenn ich mal getröstet werden möchte.
Wer Wind sät, wird Sturm ernten.
Ich hab's verstanden, Mama.
Sterben muss man sowieso.
Senden

●●●○○
< Nachrichten
Mama
Details
Dürfte man erfahren, warum du dein Zimmer nicht aufgeräumt hast, bevor du weggefahren bist?
Die Corioliskraft.
Wie, die Corioliskraft?
Du wirst doch jetzt nicht auch noch die Klimaerwärmung dafür verantwortlich machen?!
Senden

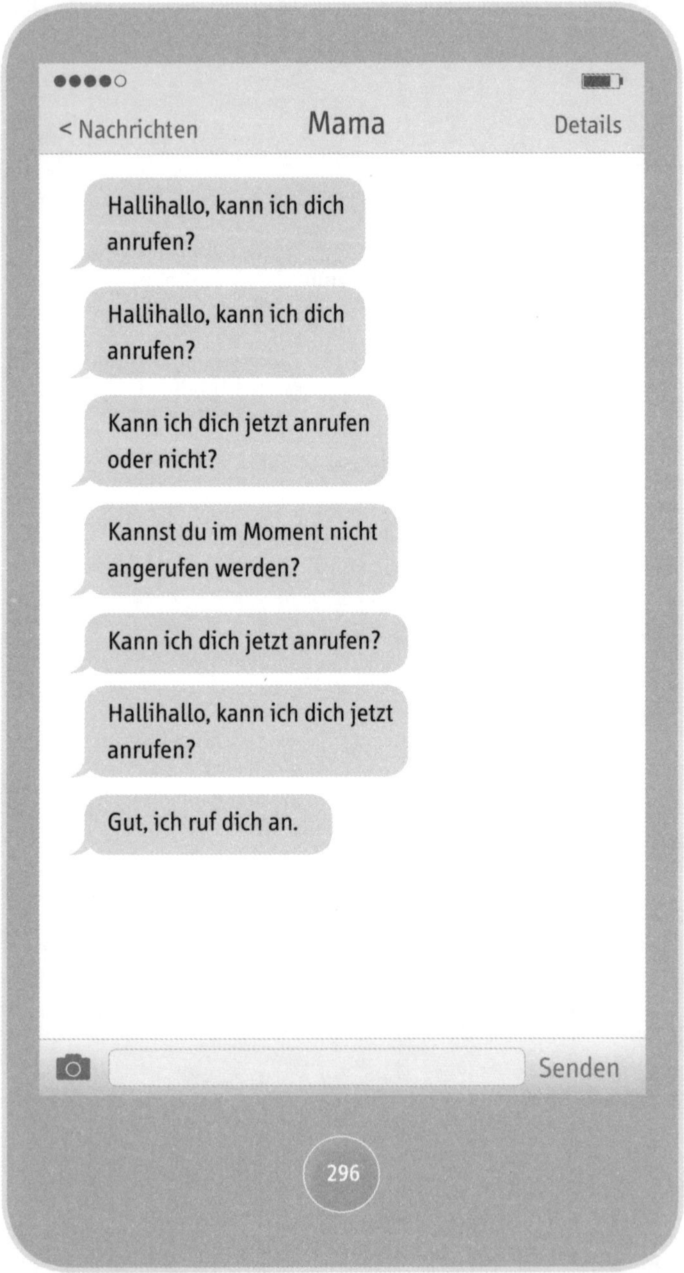
●●●●○
< Nachrichten
Mama
Details
Hallihallo, kann ich dich anrufen?
Hallihallo, kann ich dich anrufen?
Kann ich dich jetzt anrufen oder nicht?
Kannst du im Moment nicht angerufen werden?
Kann ich dich jetzt anrufen?
Hallihallo, kann ich dich jetzt anrufen?
Gut, ich ruf dich an.
Senden

< Nachrichten
Mama
Details
Ich fühle mich total schlapp ...
Krank sein oder nicht krank sein?
That is the question ...
Senden

< Nachrichten
Mama
Details
Erinnerst du dich daran, als du noch klein warst?
Nein.
Ich finde diese Methode, mit der du systematisch jede Unterhaltung beendest, schrecklich!
Okay
Ist das alles, was du zu deiner Verteidigung zu sagen hast?
Ja.
Senden

●●●○○
< Nachrichten
Mama
Details
Ich wünsche dir ein schönes Wochenende, mein Schatz!!!
Banke …
Was ist denn mit dir los?
Ich habe einen Morbsschnupfen …
Ich habe sicher noch irgendwo Eukalyptuszäpfchen. Soll ich sie dir schicken?
Schatz?
Schatz?
Senden

< Nachrichten
Mama
Details
Hallihallo mein Schatz, was machst du gerade?
Mama, wenn du dich langweilst, ruf doch die Zeitansage an!
Du brauchst jetzt nicht fies zu werden!
Senden

< Nachrichten **Mama** Details

Guten Tag, ich bin die Nachbarin Ihrer Mutter. Sie hatte einen Schwächeanfall, und wir mussten sie ins Krankenhaus bringen. Bitte rufen Sie mich an.

Wenn das einer deiner blöden Witze ist, um mir ein schlechtes Gewissen zu machen, weil ich so weit weg bin, dann lass dir eins gesagt sein: Ich finde ihn geschmacklos!

Das ist kein blöder Witz.

Senden

●●●●○
< Nachrichten
Mama
Details
Zum Teufel mit Hemdsärmeln. Warum können sie nicht durch Vanilleeis mit Macadamianüssen ersetzt werden?
Bügelst du gerade?
Ja!!!!!!!
Senden

●●●○○
< Nachrichten
Mama
Details
Ich habe einen Rumor.
Was heißt das?
Na ja, ich habe einen Rumor.
Ähm ... okay, meinst du, dass es rumort? Hörst du Geräusche?
Einen Rumor! Einen Rumor!
Ich habe einen Rumor!
Ich versteh nur Bahnhof, Mama!
Schatz, das hat der Arzt diagnostiziert, ich habe einen Rumor.
Blöde Autokorrektur!
Senden

< Nachrichten
Mama
Details
Ich hab ein neues Spiel: Ich sage ein Wort, und du sagst das Erste, was dir dazu in den Sinn kommt: Pony.
Money
Schloss.
Geld.
Wärme.
Kohle.
Ach, bleib mir weg …
Scheck.
Senden

●●●○○
< Nachrichten
Mama
Details
Alles in Ordnung?
Ja.
Bist du sicher?
Ja, warum fragst du?
Nur so. Wahrscheinlich ein Fehler in der mütterlichen Instinktfunktion.
Bist du sicher, dass alles in Ordnung ist?
Senden

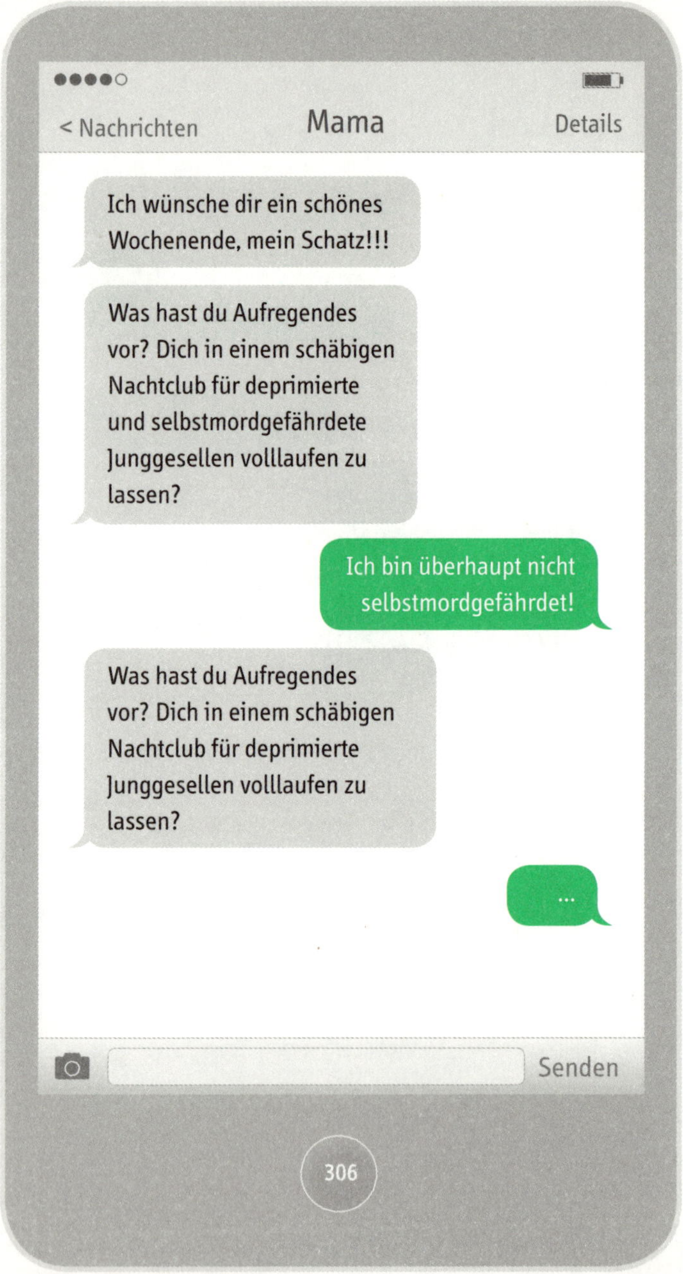
●●●●○
< Nachrichten
Mama
Details
Ich wünsche dir ein schönes Wochenende, mein Schatz!!!
Was hast du Aufregendes vor? Dich in einem schäbigen Nachtclub für deprimierte und selbstmordgefährdete Junggesellen volllaufen zu lassen?
Ich bin überhaupt nicht selbstmordgefährdet!
Was hast du Aufregendes vor? Dich in einem schäbigen Nachtclub für deprimierte Junggesellen volllaufen zu lassen?
...
Senden

●●●○○
< Nachrichten
Mama
Details
Welches Gericht kann ich aus Nudeln, Crème fraîche, Speckwürfeln und Eiern machen?
Ich weiß nicht, eine Thunfisch-Quiche vielleicht?
Senden

< Nachrichten
Mama
Details
Hast du schon mal darüber nachgedacht, dein Testament zu schreiben?
Wie redest du mit mir?
Hast du bitte schon mal darüber nachgedacht, dein Testament zu schreiben?
Senden

●●●○○
< Nachrichten
Mama
Details
Ich fühle mich total niedergeschlagen.
Was ist denn los?
Ich fühle mich so nutzlos wie ein Detox-Tee.
Du könntest mir Geld schicken, wenn du willst. Wer weiß, vielleicht hilft es dir, dich wieder nützlich zu fühlen …
Guter Versuch, aber nein.
Senden

●●●●○
< Nachrichten
Mama
Details
Wie nennt man einzelne Socken, die nicht mehr einzeln sind?
Enteinzelte Socken?
Gibt es Dinge, die man nicht zu benennen weiß, überhaupt?
Gott ist auch so ein Ding, dem man einfach einen Namen gegeben hat, ohne zu wissen, ob es ihn überhaupt gibt. Sind einzelne Socken also Gott?
Senden

< Nachrichten **Mama** Details

Kann das Himbeergift vom Grapfenstrüc auch für Menschen gefährlich werden?

Willst du deinen Nachbarn Boris umbringen?

Aber nein, ich hätte gleich präziser sein sollen. Ich meine eine Frau!

Willst du Diane umbringen???

Aber nein!

Grisouille?

Hör auf …

Senden

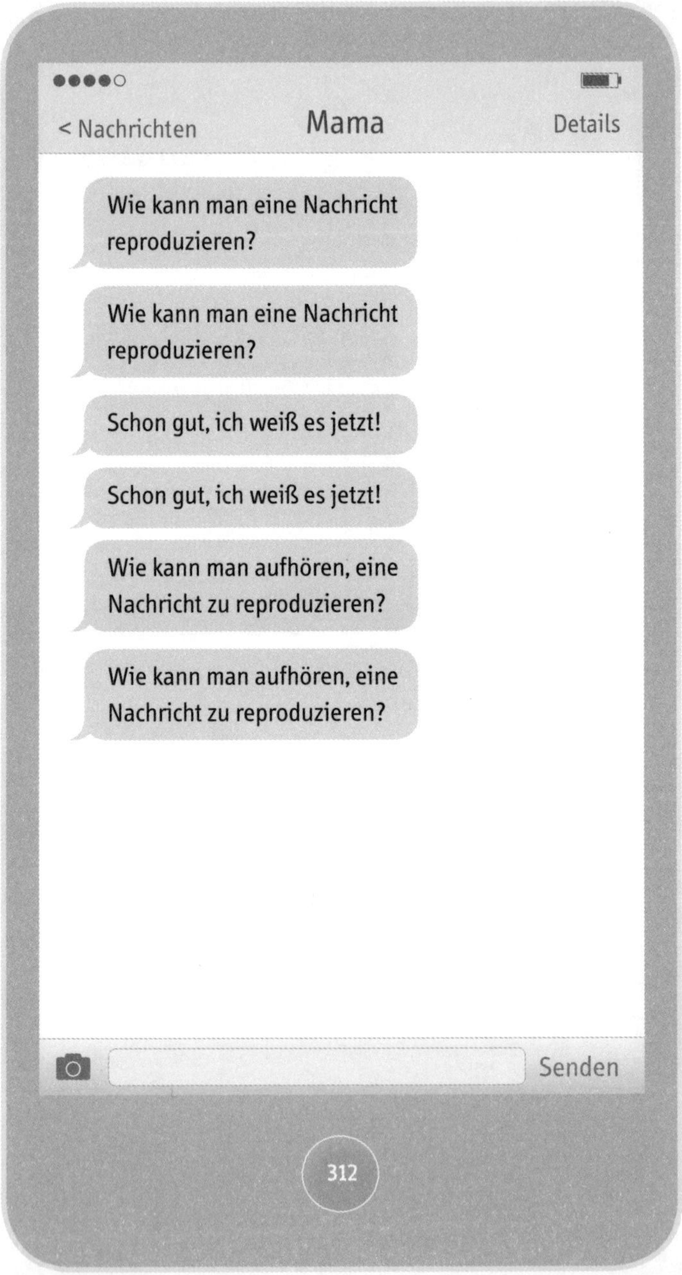
< Nachrichten
Mama
Details
Wie kann man eine Nachricht reproduzieren?
Wie kann man eine Nachricht reproduzieren?
Schon gut, ich weiß es jetzt!
Schon gut, ich weiß es jetzt!
Wie kann man aufhören, eine Nachricht zu reproduzieren?
Wie kann man aufhören, eine Nachricht zu reproduzieren?
Senden

< Nachrichten
Mama
Details
Ich wünsche dir ein schönes Wochenende, mein Schatz!
Dir auch ein schönes Wochenende, Mamaschatz!
Wir sind wirklich eine tolle Familie!!!
HILFE, MAMA, WIR BEFINDEN UNS IN EINEM TOTAL IDIOTISCHEN DIALOG AUS EINER AMERIKANISCHEN SOAP!!!
Senden

●●●●○
< Nachrichten
Mama
Details
Dieser Tag zieht sich ewig, und ich sehe einfach kein Ende!
Nur die Wurst hat zwei!
Mama, sosehr ich dein Bemühen schätze, dir den Humor junger Leute anzueignen, umso mehr würde ich mir wünschen, dass du ihn angemessen einsetzt und apropos ...
Ja, was willste?
Senden

< Nachrichten **Mama** Details

Ich bin gerade auf ein Buch gestoßen, das heißt «Meine Mutter, ihr Handy & ich». Darin geht es um einen SMS-Austausch zwischen Mutter und Sohn ...

Ist schon ein bisschen albern ...

Und die Mutter ist viel zu überzeichnet, wie ich finde.

Als wären Mütter total blöd ... Pfff ...

Warte mal ...

Senden

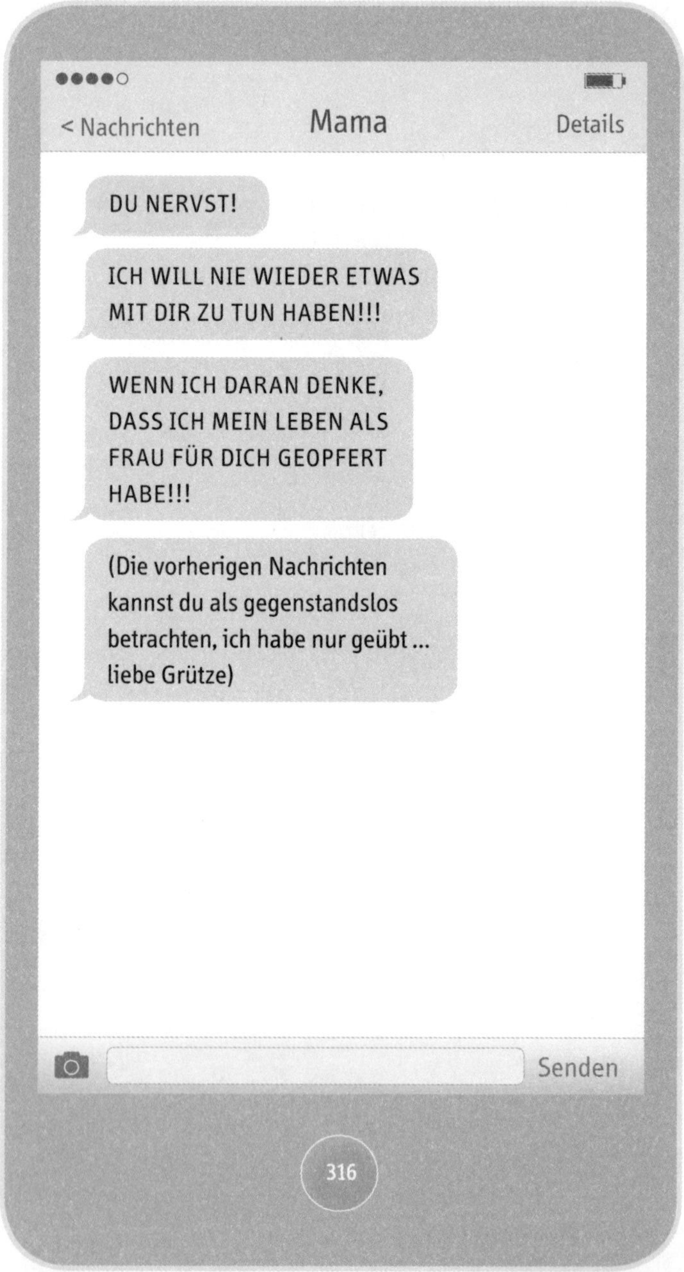
< Nachrichten
Mama
Details
DU NERVST!
ICH WILL NIE WIEDER ETWAS MIT DIR ZU TUN HABEN!!!
WENN ICH DARAN DENKE, DASS ICH MEIN LEBEN ALS FRAU FÜR DICH GEOPFERT HABE!!!
(Die vorherigen Nachrichten kannst du als gegenstandslos betrachten, ich habe nur geübt ... liebe Grütze)
Senden

< Nachrichten **Mama** Details

Das glaubst du nie: Mein Handy hat von selbst die Zeit umgestellt!

Das glaube ich sehr wohl, weil alle Smartphones das machen …

Kannst du denn über gar nichts mehr staunen? Manchmal frage ich mich, wo deine kindliche Seele geblieben ist …

Sie sucht verzweifelt in einer überfüllten U-Bahn nach einem Sitzplatz …

Senden

●●●●○
< Nachrichten
Mama
Details
Was schenkst du mir zu Weihnachten?
Ein Buch.
Pah, ein Buch ist doof, das ist doch kein richtiges Geschenk.
Zu meiner Zeit hat man sich über eine Orange und ein Bild gefreut.
Ja, und Oma hat während des Kriegs Steckrüben gegessen … danke, die Leier kenn ich …
Senden

< Nachrichten
Mama
Details
Ich wünsche dir ein schönes Wochenende, süßer Floh!
Süßer Floh?
Was ist? Ich wollte mal ein bisschen variieren …
SÜSSER FLOH?
Routine kann tödlich sein, mein Schatz!!!
Senden
319

●●●●○
< Nachrichten
Mama
Details
Wie heißt noch mal das Lied von Céline Dion?
Unter uns, Céline Dion ist nicht mehr wirklich angesagt …
Was? Heutzutage ist auch nichts mehr von Dauer …
Senden

< Nachrichten
Mama
Details
Irgendwie fehlt mir Diane.
Nun übertreib nicht, du hast sie doch nie gemocht!
Das stimmt nicht. Mit der Zeit habe ich alle möglichen Qualitäten an ihr entdeckt.
Welche denn?
Die ihrer Fehler, und da es derer viele gab …
Senden

< Nachrichten

Mama

Details

Die Mutter einer Freundin hat letztes Jahr auch eine Chemotherapie bekommen. Wenn du willst, gebe ich dir ihre Nummer? Vielleicht kann sie dir einen Rat geben.

Vielleicht ist unter den Müttern deiner Freundinnen auch eine, die unter Hämorrhoiden leidet …

Das habe ich jetzt nicht verstanden.

Doch, jetzt habe ich es doch verstanden, aber dein Humor gefällt mir überhaupt nicht …

Senden

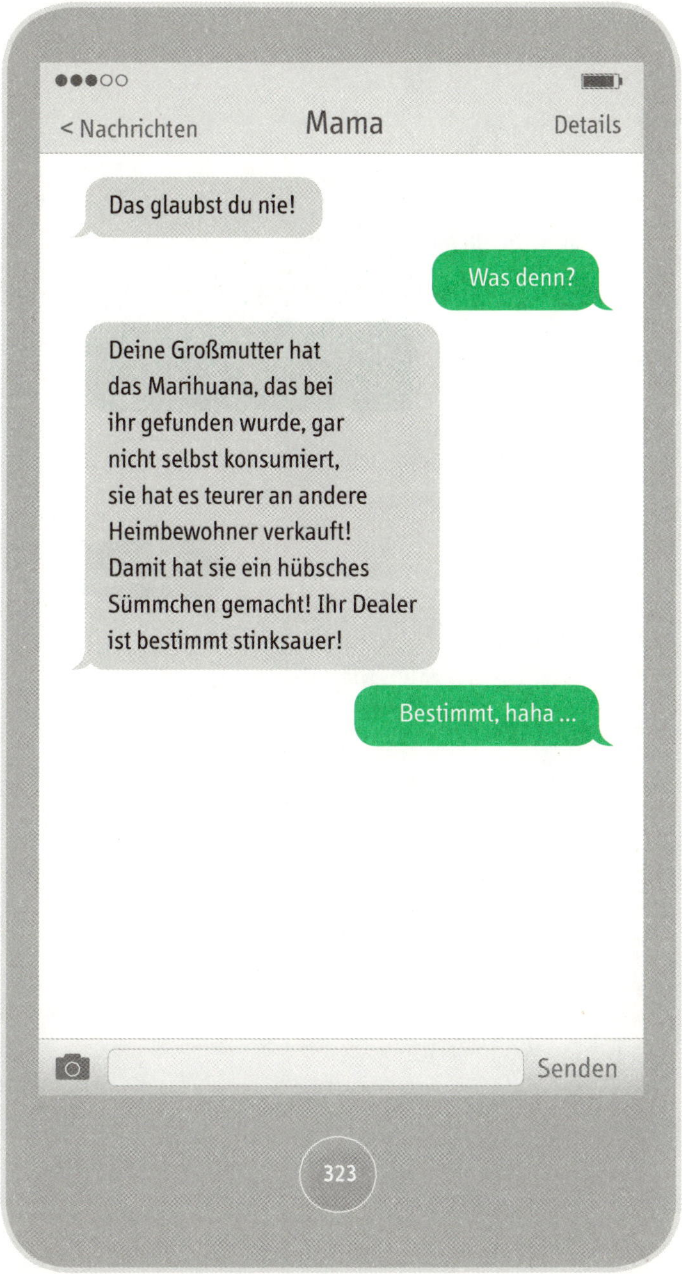
< Nachrichten
Mama
Details
Das glaubst du nie!
Was denn?
Deine Großmutter hat das Marihuana, das bei ihr gefunden wurde, gar nicht selbst konsumiert, sie hat es teurer an andere Heimbewohner verkauft! Damit hat sie ein hübsches Sümmchen gemacht! Ihr Dealer ist bestimmt stinksauer!
Bestimmt, haha ...
Senden

●●●●○
< Nachrichten
Mama
Details
Mein Nachbar Boris stand gestern Abend kleinlaut vor der Tür.
Du hast ihm doch hoffentlich nicht geöffnet!
Natürlich nicht, wo denkst du hin?
Mama?
DAS FLEISCH IST SCHWACH, VERURTEILE MICH NICHT!!!
Senden

< Nachrichten
Mama
Details
Oma ist wegen Missachtung mindestens einer der «Community Guidelines» geflogen.
?
Senden

< Nachrichten Mama Details

Ich wünsche dir ein schönes Wochenende, Mama!!!

Aha, du bist nicht zufällig nur deshalb freundlich, weil ich krank bin?

Nein, das hat nichts damit zu tun!

Senden

< Nachrichten
Mama
Details
Hi, Mama, wie geht es dir?
Gut.
Was macht dein Rumor?
Scheiße.
Und die Chemo?
Oberscheiße.
Charmant ...
Senden

●●●●○

< Nachrichten **Mama** Details

Jetzt weiß ich endlich, wer Ghislaine ist. Sie hat mir erzählt, woher sie dich kennt.

Erzähl mir alles! Endlich werden wir Ghislaines wahre Identität erfahren!

Ich habe nur gesagt, dass sie es mir erzählt hat, aber ich habe nie behauptet, dass ich mir davon irgendwas gemerkt habe!

Senden

< Nachrichten
Mama
Details
Bald ist Muttertag, ich hoffe, du hast mir ein Geschenk gekauft!!!
Es ist überhaupt nicht bald Muttertag, was erzählst du da?
Verflixt ...
Aber versuchen darf man es doch mal ...
Senden

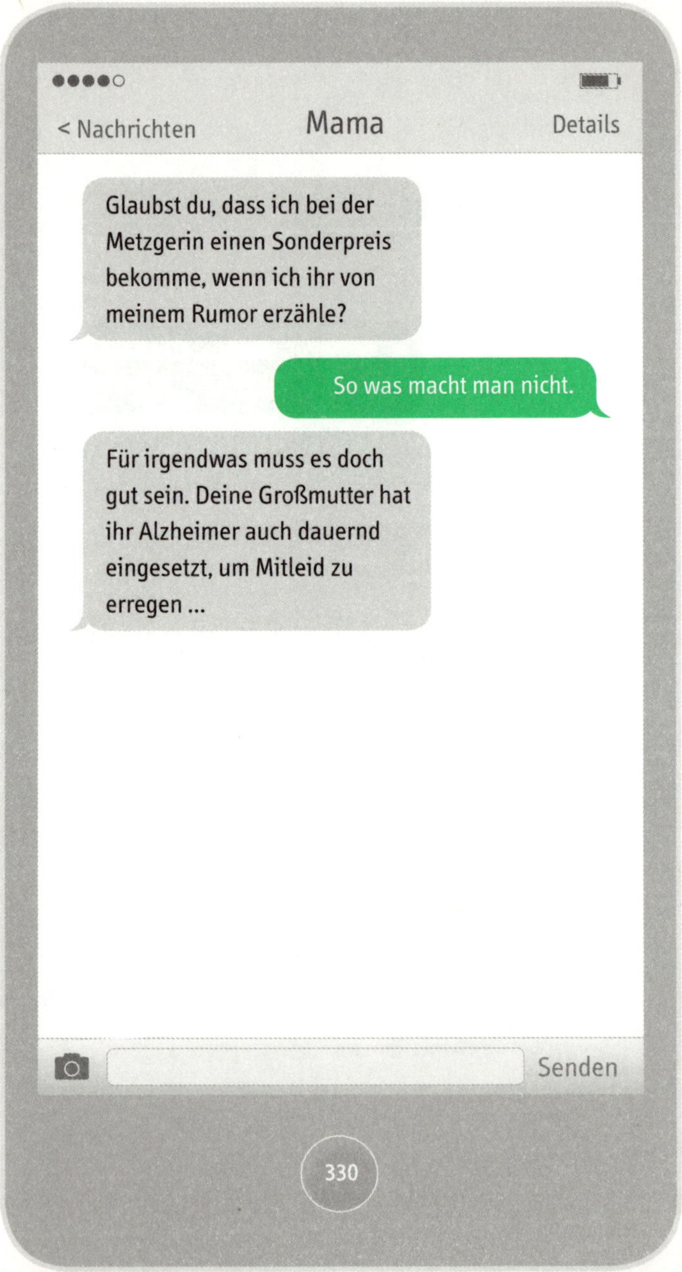
< Nachrichten
Mama
Details
Glaubst du, dass ich bei der Metzgerin einen Sonderpreis bekomme, wenn ich ihr von meinem Rumor erzähle?
So was macht man nicht.
Für irgendwas muss es doch gut sein. Deine Großmutter hat ihr Alzheimer auch dauernd eingesetzt, um Mitleid zu erregen …
Senden

< Nachrichten **Mama** Details

Diane fehlt mir gar nicht mehr.

Mein Nachbar Boris mir auch nicht.

Ich glaube, damit gibt es jetzt keinen Zweifel mehr: Unsere Ex sind offiziell unsere Ex.

Und damit sind wir endgültig wieder allein.

Kann ich am Wochenende vorbeikommen?

O ja, bitte, gern!

Senden

< Nachrichten
Mama
Details
Ich bin nicht einverstanden!
Ich auch nicht!
Und was machen wir jetzt?
Wir warten, dass der andere nachgibt …
Ich werde nicht nachgeben!
Ich auch nicht!
Und was machen wir jetzt?
Senden

< Nachrichten
Mama
Details
Ich wünsche dir ein schönes Wochenende, Mama!
Bitte sag mir, dass du das jetzt nicht jedes Wochenende tun wirst!
Doch, warum?
Senden

< Nachrichten **Mama** Details

Ich habe schlechte Nachrichten, und da ich nicht weiß, wie ich es dir am besten beibringen soll, versuche ich es mit Humor …

Ich befürchte das Schlimmste …

Kennst du die Geschichte von Paf Grisouille?

MAMA, NEIN!!!

Senden

< Nachrichten
Mama
Details
Hast du Grisouille im Garten beerdigt? Unter dem Baum, den sie so gern gemocht hat?
Ja, ja.
Mit dem gepunkteten Ball, den sie so gern gemocht hat?
Ja.
Und hast du ihr das Lied vorgesungen, das sie so gern gemocht hat?
Übertreiben muss man es nun auch nicht …
Senden

●●●●○
< Nachrichten
Mama
Details
Ich habe immer gehofft, dass du nicht auf die schiefe Bahn gerätst.
Was nützt es, nicht auf die schiefe Bahn zu geraten, wenn man auf der Stelle tritt.
Vielleicht, dass man sich eine Nische schafft.
Oder einfach seinen Platz findet.
Ich will aber vorwärtskommen, Mama …
Mit dem Risiko, alles gegen die Wand zu fahren?
Senden

●●●○○
< Nachrichten
Mama
Details
Ich habe eine neue Katze aufgenommen und beschlossen, sie Grisouille 2 zu nennen. Und das ist dann meine Katze.
Schick mir mal ein Foto!
Mama, das ist ganz sicher keine Katze!!!
Du fällst auch auf nichts mehr rein …
Senden

●●●●○

< Nachrichten **Mama** Details

Mach dir keine Sorgen, mein Schatz, ich bin mit Blaulicht ins Krankenhaus eingeliefert worden, weil ich wieder einen Schwächeanfall erlitten habe, aber es geht mir gut! Liebe Grütze.

Ich bin im Krankenhaus, aber mach dir keine Sorgen!

Keine Neuigkeiten … Es geht mir gut, mach dir keine Sorgen!

Ich hätte es trotzdem nett gefunden, wenn du dir ein kleines bisschen Sorgen gemacht hättest. Wo zum Teufel bist du???

Senden

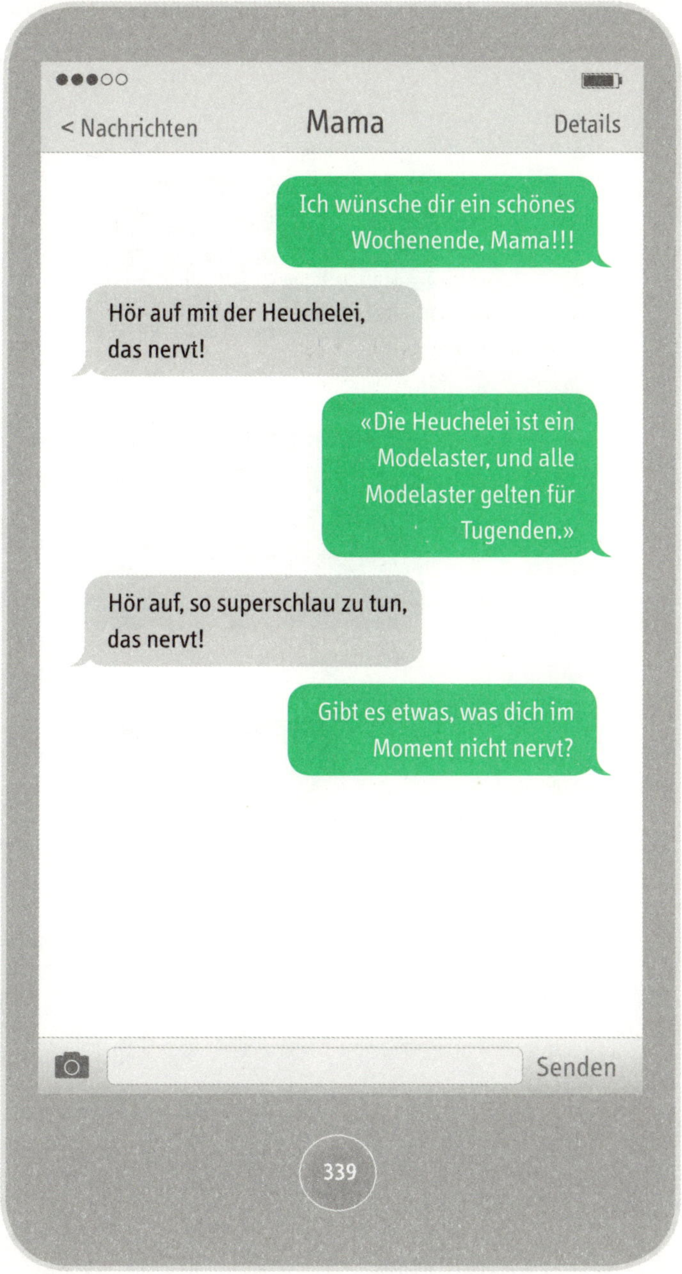
●●●○○
< Nachrichten
Mama
Details
Ich wünsche dir ein schönes Wochenende, Mama!!!
Hör auf mit der Heuchelei, das nervt!
«Die Heuchelei ist ein Modelaster, und alle Modelaster gelten für Tugenden.»
Hör auf, so superschlau zu tun, das nervt!
Gibt es etwas, was dich im Moment nicht nervt?
Senden

●●●●○
< Nachrichten
Mama
Details
Weißt du was? Ich habe gerade erfahren, dass dein Nachbar Boris von einem wilden Tier angegriffen wurde!
Aha?
Und dass er ins Krankenhaus eingeliefert werden musste, weil er das Gift jenes wilden Tieres im Blut hatte. Ein Himbeergift.
Aha.
MAMA, WO IST DAS GRAPFENSTRÜC???
Senden

< Nachrichten **Mama** Details

Ich habe geträumt, dass ich auf einem Konzert von Céline Dion war und sie mich auf die Bühne geholt hat. Wir haben zusammen gesungen. Du, Diane, mein Nachbar Boris, Grisouille und das Grapfenstrüc seid der Chor gewesen.
Wir waren eine richtige Familie. Und dann bin ich in diesem Krankenhauszimmer aufgewacht.

Und es rumorte immer lauter.

Senden

< Nachrichten
Mama
Details
Warum ist man immer dann drinnen eingesperrt, wenn es draußen schön ist? Als Kind im Klassenzimmer und heute in einem Krankenhauszimmer.
Das muss das Karma sein …
Das Karma kotzt mich an.
MAMA!
Senden

< Nachrichten
Mama
Details
VERURTEILE MICH NICHT!!!
Was hast du denn jetzt schon wieder getan?
Weißt du es denn noch nicht?
Äh, nein.
Nichts ist passiert, das war ein Witz, haha, schmatz, schmatz 💋💋💋
MAMA!!!
Senden

●●●●○
< Nachrichten
Mama
Details
Ich langweile mich.
Oh, wie ich mich langweile.
Es ist unmenschlich, wie sehr ich mich langweile.
Puhhhh, ich langweile mich so sehr.
Auf einer Skala von eins bis zehn langweile ich mich jenseits der zehn.
Ich bin die menschgewordene Langeweile.
Senden

●●●○○
< Nachrichten
Mama
Details
Ich war im Mai 68 dabei, und was tust du, um die Gesellschaft wachzurütteln?
Ja … ähm … ich schreibe sehr lustige Statusmeldungen auf Facebook.
Senden

< Nachrichten
Mama
Details
Ich wünsche dir ein schönes Wochenende, Mama!!!
Ist dir überhaupt bewusst, wie sehr du mich damit quälst?
Ja, und weißt du, warum? Weil du mich damit genauso gequält hast!
Auge um Auge erscheint mir bei Familienangelegenheiten nicht gerade der letzte Schrei ...
Senden

●●●○○
< Nachrichten
Mama
Details
Das Grapfenstrüc ist heute bei mir im Krankenhaus gewesen.
Was hat es gesagt?
Dass es nach Dänemark muss, um dort einer neuen Familie zu helfen!
So aufopfernd, dieses Grapfenstrüc!
Er wird mir fehlen ... auch wenn ich noch immer nicht weiß, was es ...
Senden

< Nachrichten

Mama

Details

Warum ist das Essen in Krankenhäusern immer so abscheulich?

Damit dir die Lust vergeht, noch mal wiederzukommen …

Senden

< Nachrichten **Mama** Details

Mama?

Ja, mein Schatz?

Ach nichts.

O nein! So schnell kommst du mir nicht davon! Wenn du mir etwas Nettes sagen willst, dann tu es wenigstens dieses eine Mal!

Ich liebe dich.

Senden

●●●●○
< Nachrichten
Mama
Details
Ich halte diesen Rumor nicht mehr aus!
Dann steck dir Ohropax in die Ohren.
Haha!
Moment, du musst zugeben, dass der echt lustig war!
Senden

●●●○○
< Nachrichten
Mama
Details
Ich habe gute Nachrichten!
Ist noch jemand tot?
Nein, bei der Testamentseröffnung deiner Großmutter ist herausgekommen, dass du ihr gesamtes Vermögen erbst! Mit all dem Geld, das sie mit ihren Drogendeals gemacht hat. Du bist jetzt reich!
Ennnnnnnnnndlich!
Und ich bin frei!
Was soll das denn heißen?
Senden

< Nachrichten
Mama
Details
Inzwischen kann ich meinem Rumor auch etwas Gutes abgewinnen.
Aha? Was denn?
Wenn du an einer schweren Krankheit leidest, relativiert sich vieles, was den Sinn des Lebens angeht.
Aha?
Ja. Vorher kam mir alles ausweglos vor. Jetzt erscheint mir alles hoffnungslos.
Ich habe den Eindruck, dass es dir bessergeht …
Senden

< Nachrichten
Mama
Details
Ich wünsche dir ein schönes Wochenende, Mama!!!
Wir könnten doch einfach sagen, dass ich nicht krank bin und du mir nicht jeden Samstag ein schönes Wochenende zu wünschen brauchst, einverstanden? Okay? Mir reicht es nämlich …
Die Versuchung ist groß …
Aber lieber nicht … 😛
Senden

< Nachrichten **Mama** Details

CHORFÜHRER
O treuester Diener des Zeus, siehst du denn nicht das mit Gold durchwirkte Ende nahen? Das Kind, das seine Mutter in ihrem Schoße weckt, die Mutter, die der Welt ihr Liebstes schenkt, lausche mit geneigtem Ohr noch einen Moment dem sanften Liebeslied der beiden bezaubernden Helden, wie sie sich in diesem Ende noch ein wenig hingeben …

Senden

< Nachrichten
Mama
Details
Die Ärzte sind nicht sehr optimistisch, was meinen Gesundheitszustand angeht …
Das liegt daran, dass sie im Gegensatz zu mir deine unbändige Willenskraft nicht kennen!!! – ☺❤
Wenn ich ehrlich bin, fehlt mir mehr und mehr die Kraft zu kämpfen, mein Schatz.
So etwas darfst du nicht sagen, hörst du? Das darfst du nicht. Was soll ich denn ohne dich machen? Sag's mir!!!
Senden

●●●●○

< Nachrichten **Mama** Details

Und was lernen wir daraus? Dass groß werden bedeutet, all jene zu verlieren, die man liebt? Ja?

Nein, dass erwachsen sein bedeutet, sich endlich bewusst zu werden, dass man sich der Welt allein stellen muss.

Das ist die dümmste Lektion aller dummen Lektionen …

Senden

< Nachrichten **Mama** Details

Ich komme morgen wieder vorbei. Alles Liebe.

Hast du wirklich vor, jeden Tag vorbeizukommen? Willst du mich quälen, oder was???

Wenn es nur so wäre!!! ☺☺ Aber dafür liebe ich dich viel zu sehr!!!

Sicher doch! Jetzt hör aber auf! Liebe Grütze!

Unter uns, du hast von Anfang an gewusst, wie man Grüße richtig schreibt, oder?

Jede Mutter hat ihre kleinen Geheimnisse ...

Senden

< Nachrichten

Mama

Details

Der Rumor … rumort wunderbar vor sich hin …

Und die Violinen … Hörst du sie? Sie singen so laut von der Zeit, die vergeht, und rufen so schrill, dass der Vorhang auf dem verfluchten Berg Golgota nicht unbedingt immer reißt.

Hörst du die Violinen, sie spielen nur für dich. Hör genau hin, sie wiegen dich in den Schlaf, genau wie mich:

in einem Kokon …

Senden

●●●○○
< Nachrichten
Mama
Details
Guten Morgen, da wir Sie nicht persönlich erreichen konnten, hinterlassen wir Ihnen diese Nachricht. Leider müssen wir Ihnen mitteilen, dass Ihre Mutter heute Nacht um drei Uhr verstorben ist. Das Pflegepersonal war die gesamte Zeit bei ihr. Bei Bedarf stehen wir Ihnen gern zur Verfügung und verbleiben mit freundlichen Grüßen.
Senden

< Nachrichten
Mama
Details
Ich wünsche dir ein schönes Wochenende, meine liebe kleine Mama ...
Senden

< Nachrichten
Mama
Details
Du fehlst mir, Mama.
Senden

< Nachrichten
Mama
Details
Du fehlst mir so sehr ...
Senden

< Nachrichten **Mama** Details

Manchmal warte ich auf das Wochenende, damit du dich bei mir meldest, ich warte auf eine Nachricht von dir, wo auch immer du bist. Ich warte, dass du mit einem nicht lustigen Witz meine Tränen trocknest, ich warte, dass du mich volltextest wie früher; ich warte, dass du irgendetwas von Céline Dion erzählst, vom Wetter, aber ehrlich gesagt, warte ich jetzt schon ziemlich lange … ich liebe dich.

Senden

< Nachrichten
Mama
Details
Senden

< Nachrichten
Mama
Details
Senden

< Nachrichten
Details
Ich wünsche dir ein schönes Wochenende, mein Schatz!
Mama? Bist du es? Bist du es wirklich?
Senden

FSC
www.fsc.org
MIX
Papier aus verantwortungsvollen Quellen
FSC® C083411

Das für dieses Buch verwendete FSC®-zertifizierte Papier *Classic* liefert Stora Enso, Finnland.